Lá

Atención, que viene ¡Don Otoño!

1ª edición: 2008

Serie "Las estaciones"
Dirigida por Susana Gonzalo
Diseño de colección: Raquel Fraguas
Ilustraciones de Chris Noton

Apartado de Correos 113. 28760 Tres Cantos
Tel.: 91 804 58 17
www.nivola.com
contacto@nivola.com

ISBN: 978-84-96566-69-9
Depósito legal: M-35.886-2008
Impreso en España

Atención, que viene ¡Don Otoño!

Gabi Segura

Ilustraciones de **Chris Noton**

Las estaciones

nivola

Los personajes

Matías
Chusky

Éste es el casi-diario de un niño aventurero, intrépido, explorador, listo..., bueno, es que soy yo el que escribe, Carlitos me llaman todos, y como es mi casi-diario puedo poner de mí lo que quiera. Lo de casi es porque no escribo todos los días, aunque lo intento, pero las cosas interesantes y sorprendentes sí que las apunto. Me encantan los parques, los jardines, los bosques y salir de paseo con mi amigo Matías, mi hermana Marta y mi perro *Chusky*, ya que siempre hay cosas alucinantes que investigar en la naturaleza. Si te gustan las plantas, los animales, la aventura, divertirte y descubrir cada día algo nuevo, te doy permiso para pasar a la página siguiente... ¡si te atreves!, porque he de avisarte de que una vez que empieces a leer no habrá marcha atrás, no podrás parar, empezarás a sentir unas enormes ganas de explorar la naturaleza, te verás haciendo curiosos experimentos, entretenidas manualidades y un montón de cosas más que ni te imaginas.

¿Aún sigues leyendo?, ¡eso es que te has atrevido, enhorabuena! En ese caso voy a dejar un hueco para que pongas tu nombre, ya que vas a vivir con nosotros un otoño entero.

¡Que comience un otoño sorprendente con:

CARLITOS, MARTA, *CHUSKY*, MATÍAS

Y.......................................!

¡Ya está aquí el otoño!

Martes 21 de septiembre

Hoy el día se lo han repartido entre el Sol y la Luna a partes iguales, es decir, hoy es el EQUINOCCIO de otoño. Parece ser que debido a la posición de la Tierra respecto al Sol, las horas de luz y las horas de oscuridad se igualan. Empate a doce, como si fuera un partido de balonmano.

Pero, claro, eso había que comprobarlo, por lo que me he levantado esta mañana cronómetro en mano.

–¡Carlitos, a levantarse! –ha chillado mi madre desde la cocina.

Pero yo ya estaba levantado. Exactamente he abierto los ojos a las siete de la mañana, como si estuviera practicando para el cole.

–Mamá, hoy es el equinoccio.
–De acuerdo, ya entiendo, y por si los libros mienten, tú lo compruebas.
–No es que no crea en lo que dicen los libros, es que me hace ilusión comprobar que es cierto.
–A mí ya sabes que no me importa, lo digo de broma, siempre y cuando no lo hagas con todo lo que se conoce. No siem-

pre los científicos han obtenido conocimientos respetando la naturaleza. Así que, mientras no hagas locuras...

Después de desayunar y arreglar la habitación, he ido a dar una vuelta con *Chusky*. Por supuesto, llevaba mi cronómetro colgando del cuello, como un investigador serio, que incluso es capaz de llevarse su trabajo detrás.

En un recodo del camino nos hemos sentado en un tronco caído. *Chusky* estaba cariñoso, me miraba con sus ojitos y me tocaba con la pata. Yo, con una mano en el cronómetro y otra en su cabeza, pensaba que este verano había sido especial en parte gracias a él.

–¿Sabes, *Chusky*?, ahora empieza el curso y yo tendré que ir al cole. No podremos estar tanto tiempo juntos como ahora, pero te prometo que saldremos todas las tardes a dar un buen paseo y que seguiré contando contigo para cualquier cosa, como siempre.

Al decir esa frase he levantado el cronómetro en la mano, intentando mostrarle que cuando sea un gran científico seguiré compartiendo con él la gloria de los descubrimientos, como hoy, que yo no iba a cambiar. Sin embargo, él no lo ha entendido así y en su sencilla lógica ha

Hazlo tú
SOLSTICIO DE OTOÑO

Esto es lo que necesitas:

- Un cronómetro, reloj o móvil.
- Paciencia, unas doce horas de paciencia.

¿Cómo lo harías?

Elige un lugar con buena visibilidad, tanto en dirección Este, por donde sale el Sol, como en dirección Oeste, por donde se pone. Puedes utilizar una brújula para situarte. De buena mañana, cuando veas el primer trozo de Sol asomar por el horizonte (recuerda no mirar directamente), empieza a contar el tiempo. Y cuando veas desaparecer al anochecer el último trozo de Sol, se acabó. El resultado seguro que está cerca de las doce horas, porque evidentemente 24 dividido entre 2 es... ¡Ah, por cierto!, si no puedes hacerlo durante el día, también sirve la noche, es decir, enciende el cronómetro cuando el Sol se esconda y apágalo al amanecer.

visto el cronómetro como un juego que le sacara un poco del aburrimiento de mi discurso. Y claro, ahí ha empezado el lío...

¡Creo que se ha teletransportado!, o por lo menos yo no he visto cómo me quitaba el aparato de la mano, en menos de un segundo lo tenía a dos metros de distancia con esa cara de pillo, por no decir otra cosa, que pone cuando quiere jugar.

–¡*Chusky,* no! Es el tiempo del equinoccio... Tranquilo, ven, perrito bueno.

Y al acercar la mano para cogerlo, cuando ya rozaba su pelo, el perrito bueno ha echado a correr. ¡Maldita sea, como pulse algún botón sin querer me chafa el experimento!

¡Qué agilidad, qué saltos y qué quiebros! Había que reconocer que el perrillo, a pesar de sus cortas patas, se movía rapidísimo, hacía unos cambios de dirección, con derrape incluido, increíbles.

Dos horas me ha costado recuperar el cronómetro. Y porque ya en casa lo ha tenido que soltar para beber, porque si no aún no lo tengo. Cuando lo cogía con mis manos mi temor crecía, me esperaba lo peor, intentaba calcular mentalmente el tiempo exacto que había pasado. Habían sido dos horas exactas, ahora me parecía demasiado. Al final se me ha escapado un grito cuando he visto que todo estaba bien. ¡Qué susto, creo que el corazón se me ha parado un segundo!

Nunca pensé que hacer experimentos fuera tan duro. Menudo está hecho el *Chusky* éste. Míralo, ahora parece que sea el perrito más bueno del mundo durmiendo a mis pies.

Jueves 23 de septiembre

Marta ha venido hoy a casa con unos amigos. Eran seis y venían nerviosos porque empezaban su primer año en la universidad. Un chico quería estudiar derecho, dos chicas medicina, otro chico veterinaria y tres chicas más, incluida Marta, biología. Matrículas, libros y profesores han ocupado su conversación hasta que he llegado yo. Y eso que no he abierto la boca, sólo me he quitado las zapatillas...

Toda la culpa la tiene el hecho de que mi habitación esté al lado de la de mi hermana. Yo venía de jugar, sudado y cansado, y me quería duchar. Y al quitarme las zapatillas ha empezado el cachondeo.

–Acaba de entrar un olor bastante desagradable por la puerta, como a cadáver –ha sido el primer comentario, cómo no, de una futura doctora.
–Creo que alguien puede necesitar mis servicios –el gracioso del futuro abogado.
–Espérate antes de acusar a nadie. Recuerda que en esta casa tienen perro, el simpático *Chusky,* y que tienen la costumbre, a veces, de traer cosas raras –por supuesto, empezando por el futuro veterinario.
–O quizá se os ha colado una mofeta en casa. Dicen que su olor es muy desagradable –sólo faltaba una bióloga.

Las risas que siguieron han sido el detonante. He cogido mis calcetines, todavía húmedos, y se los he metido en la habitación al tiempo que cerraba la puerta. Ellos aún se reían, pero yo estaba enfadado.

Cuando he salido de la ducha ya se habían marchado. Mi hermana, que me conoce, ha venido a pedirme disculpas, aunque aún se le escapaban pequeñas risas.

–Venga, no te enfades... Han sido muy tontos, pero reconoce que han sido también muy graciosos –Marta se sentía mal, al menos algo.
–Yo no le veo la gracia. Se ha quedado el olor en tu habitación.

Hazlo tú
CALCETINES PERFUMADOS

Esto es lo que necesitas:

- Calcetines viejos.
- Plantas aromáticas: tomillo, lavanda o espliego, manzanilla, salvia, romero o cualquiera que te guste su olor.
- Lazos o cuerdas bonitas.

¿Cómo lo harías?

Sobre las plantas, recuerda que si las coges de la naturaleza no debes arrancarlas enteras, sólo corta alguna ramita de cada ejemplar y no todas del mismo. En cualquier caso, siempre puedes comprarlas en las herboristerías.
De los calcetines, sólo comentarte que los puedes cortar del tamaño que tú quieras, incluso por los dos lados, y atarlos como si fueran un caramelo. Si escoges cintas de colores para los nudos te quedarán más alegres, y si escoges cuerdas te quedarán más rústicos.
¡Ah, recuerda! Ojo a los agujeros negros situados en la punta de la "galaxia calcetinera".

–Pues mira, para eso sí tengo un remedio –y me ha traído una bolsita que olía muy bien.

–¿Qué es esto, Marta? Huele de maravilla.

–Cuando tengo algún calcetín viejo o se ha perdido su pareja los guardo. Luego cojo PLANTAS AROMÁTICAS, como el romero y la lavanda o espliego, y después de dejarlas secar las meto dentro de los calcetines y las ato con bonitos lazos. Las bolsitas se pueden meter entre la ropa, en un cajón, en el armario o incluso dentro de las zapatillas por la noche.

Me supo mal poner las que me había regalado Marta dentro de las zapatillas. Ya haré yo las mías y las pondré en muchos sitios. Estas dos están en el cajón y así y todo las puedo oler desde la cama. Mañana mismo me fabrico yo algunas, recuerdo que había muchas plantas que huelen bien donde estuve el otro día con Matías. Mañana...

Domingo 26 de septiembre

De los ciempiés y milpiés ya os hablé un día. ¡Pues hoy he hecho un experimento muy curioso con unas COCHINILLAS! Son esos bichos que si los intentas tocar se hacen bola y que puedes encontrar en cualquier parte. Nosotros nos los hemos encontrado hoy en el parque. Había muchísimas debajo de unas grandes hojas, en un rincón donde solíamos escondernos. Era gracioso porque estaban en grupos de unas veinte, cada una en su hoja.

–¿Crees que son familias o algo así? –me ha preguntado Matías.
–Pues no lo sé. Esas hojas llevan ahí mucho tiempo. A lo mejor se meten cada día en la misma, como si fueran jun-

tas, o se meten en la más cercana. El problema es que son todas iguales –le he respondido.
–Si fueran de colores, todavía, pero la mayoría son grises.
–¡Eso es, Matías! ¿Qué te parece si les ponemos algún color? Por supuesto SIN DAÑARLAS. Podemos usar la pintura que usamos en el colegio, la que no es tóxica.
–¿Ves qué buenas ideas tengo? A ver si espabilas si quieres ser un científico como yo.
–Lo que tú digas, Matías. ¿Qué le parece al señor científico usar tres colores diferentes y pintarles una pequeña mancha en la parte de arriba? Así, esta tarde o mañana podemos comprobar cuáles han repetido y cuáles se han cambiado –le he dicho a Matías burlonamente.
–Sí, pero de colores que no sean chillones, no sea que por ir pintadas atraigan más a sus enemigos –me acababa de dejar alucinado.
–¡Matías, tienes toda la razón, no se me había ocurrido!
–¿Qué pasa? ¿A qué viene esa cara de sorpresa? A veces no digo tonterías –se estaba enfadando.

La cuestión es que nos ha faltado tiempo. Carrera a por las pinturas y el pincel. Carrera de nuevo hacia el parque. Casi sin aliento hemos pintado los tres grupos,

Hazlo tú

CONTROLANDO COCHINILLAS

Esto es lo que necesitas:

- Un pincel muy fino.
- Pintura no tóxica, de la que se limpia con agua y que no sea brillante. La que compras para el cole es ideal.
- Un grupo de cochinillas. Aunque se puede usar con otros bichos como chinches, escarabajos y otros insectos que tengan caparazón duro.

¿Cómo lo harías?

Seguro que encuentras cochinillas en cualquier parte. Suelen estar durante el día en sitios protegidos del sol, debajo de hojas y entre las hierbas. Cuando localices un grupo, con sumo cuidado, márcalas con un poco de pintura en el lomo y vuélvelas a dejar como estaban. Al día siguiente, vuelve a comprobar el mismo sitio a ver si están todas o si falta alguna o si hay alguna que no está marcada. Un bloc de notas es muy útil si te fallan las neuronas, mejor apuntar que olvidar.

uno negro, otro marrón y otro verde. Y luego nos hemos sentado a descansar.

–A las cinco aquí. Y no vale destapar nada si el otro no ha llegado –le he dicho.

Y así ha sido. A las cinco en punto hemos destapado con cuidado la primera hoja. Y, sorpresa, allí no se había movido nadie o todas habían vuelto a su sitio. Antes de desesperar, una consulta al libro de bichos que me regalaron la Navidad pasada. Normal, son nocturnos, ¡qué tontos hemos sido! Anotación en la libreta que llevábamos para apuntar los resultados: "Hay que recordar que son nocturnos".

–Matías, tendremos que esperar hasta mañana, sólo salen de noche.

No me lo quito de la cabeza. Me dan ganas de levantarme para ir a ver cómo va. Y si no voy es porque podría molestarlas y el experimento fallaría. Sólo espero que no haga viento esta noche. Hasta mañana.

Última nota: "La próxima vez hay que elegir un lugar resguardado del viento".

Ahora sí, buenas noches.

Lunes 27 de septiembre

El primer día de clase después de todo un verano es muy duro. Aunque los profesores intenten animarnos, la rutina es difícil de recuperar: el horario, los libros, los deberes y los exámenes. Y eso que casi me convence el discurso del director con eso de que es mejor para nosotros, que así somos más listos y que podremos disfrutar más de la vida. Tiene razón. La única cosa que me ha hecho levantarme ha sido el recuerdo de las cochinillas, y ahora que oigo al director, veo que el total de cochinillas lo vamos a calcular gracias a las matemáticas, que vamos a escribir los resultados gracias a lengua y que estamos estudiando algo de ciencias de la naturaleza.

A pesar del cansancio, pues hoy ha sido un día muy duro, al salir de clase Matías y yo hemos empezado a correr nada más mirarnos. ¡Las cochinillas! Casi nos desmayamos de la carrera. De rodillas, con mucho cuidado, hemos levantado las hojas y, ¡esta vez, sí!, había movimientos. A contar, apuntar y comparar.

Doce negras, dos verdes, una marrón y cuatro sin pintar. En una sola hoja habían cambios, pero la mayoría estaban donde las encontramos. Y en las otras dos hojas lo mismo. Todo anotado.

–Podríamos volver a hacerlo mañana y así tenemos datos de tres días. Esto puede ser muy interesante –le he dicho a Matías.

Por un momento nos habíamos olvidado de nuestras preocupaciones. Estábamos allí tan felices. Después, un paseo hasta casa discutiendo sobre los resultados obtenidos. Parecía que no, pero habíamos pasado un buen rato en el parque con las cochinillas. Todavía había luz, pero se notaba que ya era tarde, de manera que pudimos ver perfectamente la estrella fugaz que brilló en el cielo.

–¡Rápido, pide un deseo! Yo pido que se suspenda el cole –Matías, directo y sencillo, como siempre.
–¿Es el primer día y ya estás cansado? Eres increíble, Matías.
–A la próxima le hago una foto. Así seguro que se cumple el deseo. Tendré la prueba.
–¿Y cómo demonios vas a hacerla si no puedes saber cuándo será? ¿Acaso te crees capaz de adivinar cuándo caerá la siguiente?
–Bueno, yo pruebo. Por ejemplo, ahora –y ha pulsado el botón...

¡No me lo podía creer! ¡Era imposible! Podría haber hecho un millón de fotos y no haber fotografiado nunca ninguna y lo hace una vez y, ¡ZAS!, cruza una enorme estrella fugaz en ese mismo instante. Casi me desmayo, blanco, petrificado, hipnotizado por el suceso. He perdido la noción del tiempo y Matías me ha tenido que ayudar a sentarme en el suelo. Mi cerebro estaba bloqueado y sólo me he animado cuando Matías, el muy fanfarrón, ha querido repetir la foto. ¡Menos mal que no ha vuelto a conseguirlo, porque si no yo no sé qué me hubiera pasado!

Cuando se lo he contado a Marta no se lo creía. Menos mal que lo primero que ha hecho Matías cuando ha llegado a su casa ha sido descargar la foto en el ordenador y enviármela por *e-mail.* Marta me ha dicho que se podría pasar toda la vida repitiéndolo y no conseguirlo nunca. ¡Incluso mis padres se han quedado flipados!, todavía no se me ha olvidado la cara de sorpresa que ha puesto papá o el gesto de asombro de mamá. Creo que a partir de hoy vamos a ver a Matías con otros ojos. Desde luego, es un tío muy curioso y es mi amigo. ¡Soy el amigo del niño que tuvo la churra de fotografiar una estrella fugaz!

Miércoles 29 de septiembre

El otoño suele ser una estación un poco triste. Y no es que lo diga yo, es que se nota en el ambiente. La gente vuelve a su trabajo después de las vacaciones, los animales o se esconden para preparar el invierno o se van a otros países más cálidos, los árboles pierden sus hojas y el día empieza a ser más corto. Sin embargo, tiene cosas muy bonitas que no ocurren en otras estaciones.

–¿No es éste el árbol del que cogimos hojas en verano? ¿Qué le ha pasado a sus hojas? –me ha preguntado Matías cuando volvíamos del colegio.
–Pues que se han vuelto rojas. A algunos árboles les pasa –le he contestado.
–¿Por qué lo hacen?
–Pues no lo sé. Lo que sí sé es que vamos a coger otra vez hojas para juntarlas con las que cogimos en verano y así tener las mismas pero de diferentes colores
–Me gusta la idea. Yo también cogeré, el contraste de colores resulta muy interesante.

Al llegar a casa las hemos puesto a prensar, cosa que ya nos salía muy bien. Después he cogido un par de libros para consultar por qué se volvían rojas.

–No traigas más libros, Carlitos.
–No son para prensar, Matías, son para buscar la respuesta a tu pregunta.
–¿Qué pregunta? Te refieres a: ¿quién ganará la liga?, ¿aprobaré este año? o ¿cuándo sea mayor tendré un descapotable?
–Desde luego, Matías, eres increíble. Antes me has preguntado que por qué las hojas se vuelven rojas.

Hazlo tú
PENSANDO EN PRENSAR

Esto es lo que necesitas:

- En otoño hay muchos árboles que pierden las hojas, cambiando un tiempo antes su color. Estate al loro.
- Para prensar, recuerda que necesitas periódicos viejos y objetos que pesen.

¿Cómo lo harías?

Introduce las hojas, bien extendidas, entre periódicos viejos, una cada seis u ocho páginas y colócales encima algo plano y que pese, como una caja de herramientas o, como hace Matías, un montón de libros pesados. No olvides echar un vistazo cada día para cambiar algún periódico húmedo y evitar que se pudran. En menos de una semana estarán secas. Luego se guardan en pliegos, que son hojas grandes del tamaño de cuatro folios juntos, que se doblan por la mitad para albergar la planta seca. No olvides la etiqueta con el nombre de la muestra, el lugar donde se encontró, cuándo y quién la encontró.

–¡Ah!, eso.
–Siento que no sea tan espectacular como las chorradas que me acabas de decir, pero al menos es una pregunta de la que podemos saber la respuesta. A ver, busca tú en ése y yo buscaré en éste –le he dado el libro más pequeño.
–Muy bien. Y ¿qué hay que buscar?
–Jolín, colega, pues yo qué sé, otoño, color de las hojas, cambios de color o algo así... ¡Piensa! ¡Usa el cerebro! Además, la pregunta ha sido tuya.

Matías ha cogido el libro como si pesase 1.000 kilos y lo ha abierto como si cada hoja fuese de mármol y las tapas de acero. Sin embargo, en la primera página que ha mirado ha visto una foto de un árbol de color rojo. Y el libro ha vuelto a pesar doscientos gramos, las hojas han vuelto a ser de papel y las tapas de cartón.

–¡Lo tengo, Carlitos!: "Los vegetales retiran la clorofila de la hoja antes de que ésta caiga. Al ocurrir esto se pueden apreciar otros pigmentos, como el rojo y el amarillo, que también están en las hojas pero en menor cantidad, por lo que no se ven". Desde luego, si no es por mí, no sabríamos nada.

He estado durante unos segundos con una sensación de asombro y rabia a la vez. No sólo tiene la suerte de encontrar la respuesta, siendo casi la primera vez en su vida que abre un libro, sino que además lo suelta como si fuese una especie de EINSTEIN.

Mañana queremos buscar hojas amarillas antes de que caigan, así tendremos completa la colección... O tal vez habrá hojas azules... Demasiado sueño... Mañana amarillas... Pasado mañana, ya veremos.

Viernes 1 de octubre

En el cole nos han explicado lo de las energías alternativas. Parece ser que con ellas se puede vivir igual de bien y además no contaminan. Yo ya lo sabía porque en mi casa, a pesar de tener electricidad como todo el mundo, mis padres pusieron unas cuantas placas solares encima del garaje. En realidad, sólo se usan para la luz del jardín y del garaje, pero está todo conectado de manera que si se va la luz en el barrio no nos afecta a nosotros.

Para comprobarlo, la profe de naturales nos ha repartido farolillos de esos de los parques, que llevan una pequeña plaquita solar encima.

–Escuchad: estos farolillos tienen una pequeña placa solar encima y dentro una pequeña batería. A lo largo del día la batería se carga con el sol, y así por la noche se encenderá una bombilla. Si la absorción de luz ha sido correcta mañana por la mañana aún podréis ver la bombilla encendida cuando os levantéis. Tomad y comprobadlo, y recordad que los farolillos hay que devolverlos enteros –nos ha dicho muy seria.

Caminando hacia casa, Matías iba emocionado con su farolillo. Con él entre las manos y apuntando al Sol, era una mezcla de hechicero loco y superhéroe cutre.

–Matías, deja de hacer el tonto que luego te pasa lo que te pasa –le dije.
–Estoy cargando mi farolillo al máximo.
–¡No, Matías, estás a punto de tropezar por no mirar dónde pisas, darte un porrazo y romper el farolillo, como siempre! –a veces me ponía de los nervios.
–¿Cómo que como siempre?
–Tengo que recordarte lo del trabajo de tecnología o prefieres aquel dibujo tan "especial" que le diste al de lengua.
–Está bien, pero si mi farolillo no llega hasta mañana, la culpa será tuya.

–De acuerdo con tal de que dejes de hacer el *momio*.

El mío ha durado toda la noche. Esta mañana aún iluminaba lo suficiente para poder ver en la oscuridad. Nada más llegar al cole se lo he preguntado a Matías.

–Buenos días, colega –a veces nos llamábamos así–, ¿qué tal lo del farolillo?
–Muy mal, colega. No lo he podido ver.
–¿Por qué? ¿Te has levantado con los ojos cerrados? –le he preguntado extrañado.
–No, tío, es que lo he tenido que meter en el armario.
–¿¿Por qué??
–Me daba miedo.
–¡¿Qué?!
–Sí, tío. Esa luz hacía que todo se viera, pero poco. Empecé a ver cosas y tuve que esconderla. Nunca me había pasado, qué vergüenza...

¡El gran Matías ha tenido miedo! El niño que se tiró con su bici por aquel barranco, el mismo que se subió a aquel destartalado tejado... Sin embargo, no me he reído. Siempre he sospechado que parte de su valentía era que no pensaba en las consecuencias. Me ha dado incluso pena.

Hazlo tú

EL FAROLILLO MÁGICO

Esto es lo que necesitas:

- Un farolillo con placa solar. Aunque también puedes usar una calculadora o reloj que tenga ese sistema de energía.

¿Cómo lo harías?

El juego consiste en hacer pruebas diferentes jugando con las horas de carga o la intensidad de la luz. Un día la dejas sólo una hora, otro día dos, otro día lo pones a la sombra y otro con una tela encima. Para que el experimento sea serio, guarda el farolillo dentro de una caja con un agujero que te permita ver si la luz está encendida. De paso, te aseguras de que cuando saques el farolillo la batería esté descargada.

Estos farolillos son muy útiles. Te permiten marcar un camino, localizar una puerta, decorar una jardinera e incluso ponerlos en tu habitación para tener algo de luz por la noche.

–¡Como se lo cuentes a alguien te la cargas!

Y se me ha quitado la pena de repente.

–¿Qué le vas a decir a la profe?
–Lo mismo que tú.

Martes 5 de octubre

–¡Marta, Marta!... Parece que no está. ¡Qué rabia! ¡Marta! –he gritado al llegar a casa.
–No te pongas tan nervioso, hombre –Matías ha intentado calmarme.
–¡No estoy nervioso!, es que no tienes razón y cuándo se lo preguntemos a Marta te darás cuenta.
–Yo sigo diciendo que eso lo ha tenido que hacer alguien. Es imposible que sea de algún animal o de alguna planta –insistía Matías con su teoría.
–¿Y puedes decirme cómo lo ha hecho esa persona?
–Pues fácil, con algún aparato como una taladradora o algo así.
–¿Me estás diciendo que alguien se ha bajado su taladradora y se ha dedicado a hacer esto? ¿Y dónde la ha enchufado? –le he preguntado algo irritado.

–Las hay con batería –eso es cierto.
–Sí, bueno, vale. Pero ¿por qué?
–Hay gente para todos los gustos.

Lo peor es que sus argumentos, a pesar de ser tontos, tenían cierta parte de verdad. Pero a mí no me convencían. Esto no parecía hecho por el ser humano: una especie de galerías en el tronco de un árbol, debajo de la corteza. Tenía que ser natural, pero, ¿qué?, ¿cómo? y también ¿por qué?

He buscado en varios libros pero no he encontrado nada. He consultado en internet y sólo he encontrado galerías de arte.

–Te lo dije, eso lo ha hecho algún pirado.

Y entonces he caído. La pregunta que tenía que hacerme para descifrar el enigma era: ¿quién? Vamos a ver, el tamaño es pequeño pero la madera es muy dura, luego tiene que tener mucha fuerza..., con estas características sólo podía ser un insecto.

–¡Anda! ¡Qué galería de escarabajos más chula!, ¿dónde la habéis encontrado?

Eso era: ¡ESCARABAJOS! Estaba claro que Marta tenía que saberlo. Menos mal que ha llegado a tiempo, porque si no Matías se acaba creyendo lo de la taladradora.

–¿Ves, Carlitos?, de escarabajos, lo que yo te decía –ha tenido la cara de decirme Matías.
–¡Anda!, cállate y que Marta nos explique cómo las hacen. O prefieres hacerlo tú...
–Realmente, suele haber dos tipos de galerías, la principal, más gruesa y las secundarias, más finas. La hembra del escarabajo entra atravesando la corteza y es la que hace la galería principal. Mientras la va haciendo deja huevos de los que saldrán las larvas, que son las que hacen las galerías secundarias. Debajo de la corteza hay una capa de la madera que es comestible por algunos seres vivos. Cuando las larvas pasan a escarabajos adultos, salen del árbol haciendo un agujero en la corteza –a Marta a veces le gustaba hablar mucho.
–Lo que yo te decía, Carlitos. Tu problema es que no escuchas –me ha dicho el tío gracioso.
–Sólo tienen un inconveniente para el árbol: los agujeros permiten el paso de BACTERIAS y HONGOS, que les pueden causar enfermedades. Pero, bueno, todo es natural y la naturaleza a veces es muy dura. Venid, vamos a calcarla. Si

quieres guardarla lo entiendo, pero cuando te encuentres más te darás cuenta de que no puedes convertir tu cuarto en una leñera. Sin embargo, papeles sí que puedes almacenar un buen montón.

Fácil y práctico. Si te encuentras, además, un tronco muy grueso o todavía vivo es la única solución. Lo hemos calcado los tres y claro, el mejor ha sido el de Marta y el peor el de Matías.

Ya no me caben más cosas colgadas en la pared. Tendré que hacer hueco. Mañana.

Hazlo tú
GALERÍAS CON ARTE

Esto es lo que necesitas:

- Un lápiz de mina blanda, un carboncillo o unos lápices de colores.
- Papel, que incluso puede ser de colores.
- Un tronco con galerías de escarabajos.

¿Cómo lo harías?

Calcar es sencillo: pones la hoja y pasas el lápiz. Sólo hay que tener cuidado y no apretar demasiado fuerte para no romper el papel, ni demasiado flojo que no se vean los detalles. Recuerda que al pie debes poner la fecha, el lugar y el nombre del árbol si lo sabes, porque si no lo sabes, no lo puedes escribir.

Una vez calcada puedes consultar en los libros o en internet quién ha hecho la galería, ya que cada escarabajo tiene una forma diferente de dibujo, un grosor de túnel y un árbol preferido para criar a su descendencia.

Miércoles 6 de octubre

Hoy hemos tenido un pequeño susto en el cole. No ha ocurrido nada grave, pero ha sido intenso. Todo ha sucedido por una pequeña higuera que Pedro, el encargado de mantenimiento, iba a arrancar. El hombre sólo cumplía órdenes: "El colegio tiene que estar impecable". Pero se ha tropezado con la cabezota de la profesora de ciencias de la naturaleza.

Todo ha empezado al oírse un grito seguido de una de esas palabrotas feas. Al asomarnos por la ventana de clase, que está en el segundo piso, hemos visto la escena: el pobre Pedro estaba agarrado a una farola de la pared del cole a tres metros de altura.

–Pedro, ¿qué hace usted ahí? ¿Es que se ha vuelto loco? –le ha preguntado la profesora.
–Qué loco ni qué puñetas, que se me ha resbalado la escalera. ¡Dejen de mirar por la ventana y bajen a ayudarme, leñe!

En seguida la profe ha reaccionado. En menos de un segundo ha salido por la puerta y ya estaba en la calle. Ha cogido la escalera y se la ha puesto a Pedro.

–¿Está bien? –ha preguntado la profe.

–Sí, gracias. Si no llega a ser por usted... Mire, ya que está aquí, sujéteme la escalera y así termino en seguida.
–Pero, ¿qué está haciendo usted ahí arriba?
–Quiero arrancar esta higuera que ha salido en un agujero de la fachada.
–Pedro, ¿va a cortarla con esas tijeras?
–Sí, ¿por qué lo pregunta?
–Primero porque es una pena, y segundo porque las higueras rebrotan y dentro de poco estará ahí de nuevo. Por favor, si usted la arranca con cuidado, yo la planto en el patio del colegio. Y de paso no tiene usted que jugarse la vida todos los años, que ya está muy mayor para estas cosas.
–Eso va a ser más trabajo. Y como yo ya estoy muy mayor...
–Venga, Pedro, no sea así; no quería ofenderle con lo de mayor.

Al final todo ha salido bien. Y en el patio, según sales a la derecha, han plantado la higuera, que por cierto ha cavado el agujero Pedro y no le ha hecho mucha gracia. La profesora nos ha explicado que esa higuera ha llegado ahí porque algún pájaro comió un higo, y después, al hacer sus necesidades, acertó a poner una semilla en el agujero de la pared.

Observa

PLANTAS INCREÍBLES

Los sitios donde puedes encontrar una planta o un árbol pueden ser increíbles, por eso fotografiarlos o dibujarlos es una buena manera de hacerles un homenaje por sus ganas de vivir. Grietas en el asfalto, agujeros en el hormigón, dentro de una alcantarilla, en una fachada, en una tubería o en el tejado; en casi cualquier parte que tenga un poco de tierra y algo de humedad.

Volviendo a casa, no hemos podido dejar de buscar plantas y árboles en lugares raros. Ha sido alucinante: entre el asfalto, en un tejado, en una alcantarilla, en la pared, en la acera y en casi todas partes, las semillas no saben dónde caen, pero intentan como sea vivir, y lo consiguen.

Tenía que haberle hecho una foto a esa que salía rompiendo el asfalto, ¡qué fuerte! Mañana sin falta se la hago.

Sábado 9 de octubre

La culpa no ha sido mía, yo sólo quería ayudar... El plato además estaba muy sucio y me ha costado mucho limpiarlo, con todas esas cosas podridas pegadas. Si me lo hubiera dicho...

–¡Hola, Carlitos! –me ha saludado mi abuela con una gran sonrisa.

–Hola, abuela, me ha dicho mamá que necesitabas ayuda con unas macetas –la he saludado yo mientras me daba dos besos.

–Sí, pero tranquilo, no es mucha cosa, son sólo las macetas del balcón; si no las bajo al patio, en invierno se me mueren de frío. Así de paso aprovecho y lo limpio todo.

Si mi abuela necesitaba ayuda sólo tenía que pedirlo. Así que manos a la obra.

–Ven, mira, éstas son las macetas: una, dos, tres, cuatro... y nueve. No son muchas –me ha dicho.

–Es verdad, abuela, no son muchas, pero tienes que reconocer que tampoco son pequeñas –he dicho un poco rabioso.

La pobre, para demostrarme que no pesaban tanto ha intentado levantar una y se ha oído un crujido, ¡crack!..., su espalda.

–Abuela, por favor, siéntate que yo me encargo –mis casi once años salían a relucir.

Al final no ha sido para tanto. En menos de media hora he acabado: las macetas bajadas y el balcón limpio. Cuando he terminado he ido a decírselo, pero estaba medio dormida. El crujido ha sido grande.

–Pues voy a limpiar los maceteros, hay uno con un plato que tiene algo pegado –me he dicho a mí mismo mientras me imaginaba a mi abuela haciéndome el pastel de chocolate más grande del mundo.

Y desde luego, por lo que me ha costado limpiar el macetero, me lo merecía. Pero no ha sido así, justo cuando estaba terminando se ha asomado mi abuela, que ya se encontraba mejor, y lo ha visto en seguida.

–¿Dónde están las semillas de tomate que había en ese plato? –ha preguntado nerviosa.

Hazlo tú
LA HUERTA DE OTOÑO

Esto es lo que necesitas:

- Semillas.
- Macetas o semilleros, tierra y un poco de agua.

¿Cómo lo harías?

Ahora no es la época de plantar tomates, por eso mi abuela guardará las semillas para la primavera. En otoño se plantan habas, coles, rábanos...

Deja las semillas la noche antes en remojo. Al día siguiente plántalas enterrándolas un centímetro debajo de la tierra. Ponlas al sol y riégalas un poco, y si todo va bien en pocos días empezarás a ver los primeros brotes. A partir de ahí acuérdate de regarlas un par de veces por semana.

Por si no tienes sitio, recuerda que puedes usar macetas y ponerlas en la ventana, ya que da muy buen resultado y queda muy original.

–¿Te refieres a eso que había pegado? Me ha costado un montón quitarlo –le he respondido temiéndome lo peor.
–¿Dónde las has tirado?
–No sé..., por el balcón..., sobre el jardín..., con un palo.
–Rápido. Si quieres probar el pastel que te he preparado ayúdame a encontrarlas.

O sea, que sí me había hecho un pastel, pero, claro, aún tenía que trabajar más.

–Vale, abuela..., pero la culpa no ha sido mía, si me lo hubieras dicho...
–Tienes razón. Lo que pasa es que son semillas de los tomates que yo cultivo. Siempre me guardo los dos o tres más grandes y los pongo a secar, así me aseguro la cosecha del año que viene. Dejándolos secar consigues que la probabilidad de que germinen aumente.

Menos mal que los tomates secos han caído casi enteros y hemos podido rescatar la mayoría de las semillas, de manera que al final ha habido pastel. Demasiado pastel. Así que ahora, ya en la cama, sin cenar, aún siento que voy a explotar..., esto no tiene que ser sano. Bueno, tampoco ocurre todos los días. ¡HUMMM! ¡Buenísimo!

Domingo 10 de octubre

Ha hecho viento toda la semana. Algunos días ha sido insoportable, no se podía ni siquiera caminar por la calle, creo que por eso se les ha ocurrido a mis padres lo de hacer una cometa. Lo tenían todo preparado: cañas finitas, telas, cuerdas e hilo de pescar. Lo habían preparado todo en plan competición, ya que la idea era construir cada uno la suya y después comprobar cuál volaba mejor.

Las normas eran estrictas: dos cañitas, una tela y unas cuerdas para cada uno. Dos horas para construirlas y después, todos a probarlas. El campeón elegiría la película que veríamos el fin de semana en el cine...

A las diez en punto hemos empezado. Lo primero era atar las cañas en forma de cruz lo más fuertemente posible. Lo segundo, y más difícil, colocar la tela bien tensa cosiéndola a los extremos de las cañas. Lo tercero, y último, atar el hilo de pescar al centro de las cañas. Hecho. ¡Y ahora, a probarlas!

A pesar de que los materiales de construcción eran los mismos para los cuatro, las cometas eran todas diferentes: la de Marta, cuadrada; la de mamá, con forma de rombo; la de papá, triangular, y la mía, con forma de... churro.

–Tranquilo, Carlitos, la forma que te ha salido no es perfecta, pero lo que importa es que se mantenga en el aire –me ha dicho mi hermana para consolarme.

En el campo se respiraba la tensión. El primero en intentar alzar el vuelo ha sido papá.

–Lo más difícil empieza ahora. Hay que elevarla lo suficiente para que el viento la sostenga. A veces es mejor hacer una pequeña carrera. Así –mientras hablaba se ha puesto a correr.

La cometa se ha elevado de tal manera que parecía que iba a ser el ganador, pero de repente... una ráfaga de viento la ha hecho girar y ha caído en picado. ¡Crunch! Esa cometa tenía que pasar por la enfermería.

–¡Me toca! –mamá quería ganar.

Una pequeña carrera le ha bastado para hacerla volar.

–Bien, mamá, aguántala ahí. ¡Cuidado con los cables! –le ha dicho Marta.

Y como suele pasar, sólo hace falta nombrar el peligro para que ocurra el desastre... El hilo se ha enrollado en unos cables. No había solución y la cometa se ha quedado allí como decoración.

–Está visto que la peli la elegiré yo –Marta, siempre tan fanfarrona.

Y lo parecía, al menos hasta que se ha oído ese casi imperceptible "tic". Se le ha roto el hilo y la cometa se ha marchado, como si la arrastrase un avión, hasta que la hemos perdido de vista.

–Bueno, familia, parece que veremos la de extraterrestres –he dicho.
–No cantes victoria tan rápidamente. Y menos con esa extraña cometa que te ha salido. Porque desde luego si es por el diseño, lo tienes crudo.

Ya no era cuestión sólo de la película, se habían reído de mi cometa y eso no me había sentado bien. Así que, concentrado, la he soltado al viento. Al principio se ha elevado, todo parecía ir bien, pero de repente ha empezado a caer por falta de viento...

–¡Corre, Carlitos, corre o se te caerá como a mí! –me ha chillado mi padre.

He corrido tanto como he podido y he tenido suerte, ya que la cometa se ha vuelto a elevar. Pero, claro, las dificultades no han terminado ahí. El diseño medio torcido de la cometa hacía que ésta siempre se fuera hacia la derecha.

–¡Hacia la derecha, ve hacia la derecha! –chillaban Marta y mamá a coro.

Pero, claro, el campo no era infinito y unos hermosos matorrales espinosos cerraban el paso. ¿Qué hacer? Estaba claro que ya se me podía considerar como el campeón, pero no quería soltar la cometa ni dejarla caer y que se rompiera.

Al final, mi cabezonería me ha hecho acabar con pinchos hasta en las cejas, pero no he soltado la cometa. Poco a poco he ido recogiendo hilo, con control, para que no se cayese. Pero no he podido evitar los pinchos y me han tenido que ayudar a salir.

He sido el héroe del día y además he podido conservar la cometa intacta. Bueno, el casi héroe, porque se supone

Hazlo tú
COMETAS AL VIENTO

Esto es lo que necesitas:

- Cañas finitas, tubitos de plástico o maderas pequeñas.
- Tela, papel duro o plástico.
- Hilo de pescar e hilo de coser.
- Tijeras.

¿Cómo lo harías?

Lo primero es unir dos cañitas en forma de cruz. El tamaño puede variar, aunque yo empezaría por unas cañas de unos 80 cm. El nudo debe ser fuerte, de manera que no se puedan mover las cañas. Después cortamos la tela con forma de cuadrado, de manera que cada esquina coincida con los extremos de las cañas, y la atamos con un nudo a cada extremo. Por último, atamos el hilo de pescar, de unos 20 metros, al centro de la cometa, donde las cañas se han atado. Si todo ha salido bien, la cometa volará.

que los héroes no se quejan tanto cuando sus padres les quitan los pinchos del cuerpo. Espero poder sentarme en el cine...

Martes 12 de octubre

En mi casa lo de los cumpleaños se lo toman muy en serio, y yo también. Siempre hay algo especial, una comida, un pastel y, por supuesto, algún regalo. Y no es que se monte algo grande, simplemente se recuerda, aunque sea entre semana. ¿Que por qué te cuento esto? Pues porque hoy ha sido el mío, bueno todavía lo es, hasta las doce. He cumplido 11 años y el día de hoy lo recordaré durante toda mi vida porque... ¡me han gastado una que no veas!... Todo ha empezado de buena mañana.

Me he levantado esperando las felicitaciones y por eso he bajado a desayunar, antes de ir al cole, sonriendo.

En la cocina no había nadie... Raro.... Pero he seguido sonriendo mientras me preparaba el desayuno. Ha entrado mi padre, con prisas, se ha tomado un café y se ha ido comiéndose una magdalena... Extraño... Luego ha aparecido mi madre con un dolor de cabeza tremendo, se ha excusado con una mano en la frente y se ha llevado el desayuno a la habitación... Sospechoso... Por último ha bajado Marta, me ha dicho que llegaba tarde y se ha ido sin desayunar. ¡Aquí pasa algo: o no se acuerdan o yo qué sé! De manera que con mi sonrisa he acabado de desayunar y me he ido al cole un poco triste. Bueno, no pasa nada, me he dicho a mí mismo, con la vida tan ajetreada que llevan a lo mejor no se han acordado. Igual este mediodía me felicitan.

A las tres y media he llegado a casa de nuevo con una sonrisa. Alguien había preparado pizza, que suele ser una comida que se prepara cuando no hay mucho tiempo, pero no había nadie. Sólo una nota de papá sobre la mesa: "Hoy me he tenido que ir antes. Os dejo pizza preparada. Vendré pronto". Fantástico... Bueno, pues en vista del éxito con mi sonrisa, voy a comer, me he dicho a mí mismo. Mientras me lavaba las manos ha llegado alguien.

–Soy Marta –chillando–, cojo un trozo de pizza y me voy. Esta tarde tengo prácticas. Hasta luego –portazo.

Al oír el ruido, mi madre ha bajado de su habitación. Llevaba la bata puesta y tenía cara de cansada.

–Carlitos, sigo encontrándome mal, así que tú come tranquilo que yo comeré después.

No es que fuera la primera vez que comía solo, ya se sabe que en estos días que corren los horarios de la familia no coinciden, pero es que hoy ¡era mi cumpleaños!

Mientras recogía la mesa ha sonado el teléfono.

–Carlitos, soy Matías, ¿qué te parece si quedamos a las siete en el parque?
–¡A las siete, qué tarde!
–Es que tengo muchos deberes que hacer.
–Está bien, a las siete donde siempre.

Qué raro, Matías agobiado por los deberes.

La sonrisa cumpleañera se me había borrado sin darme cuenta. Normal, ¡en vez de ser el protagonista del día, parece que no existo!

Total, que he hecho mis deberes y a las siete me he ido al parque. Allí sentado pensaba que todos se habían olvidado de mí. Menos mal que me quedaba Matías, él si que no me fallaría. Por cierto, ¿dónde está Matías? En mi reloj marcaban ya las siete y cuarto. Paciencia, le habrá ocurrido algo, al fin y al cabo a él siempre le ocurrían las cosas más raras. Las siete y media... Qué extraño... Las ocho menos veinte. ¡Ya no lo soporto más!... Las ocho menos diez... ¡Me voy a casa!

Caminando hacia casa he ido pensando en lo dura que puede ser la vida de un niño de 11 años. Colegio, exámenes, deberes, profesores y notas, y encima nadie se acuerda de tu cumpleaños.

Al llegar he visto que no había ninguna luz encendida.

–Lo que faltaba, no hay nadie. Bueno, Carlitos, ya tienes 11 años. Te vas a tu habitación y te pones a jugar un rato a la Play. Recuerda siempre que hay niños que nunca pueden celebrar su cumpleaños –me he dicho a mí mismo.

Y al abrir la puerta casi me desmayo.

–¡¡¡FELICIDADES!!!

La luz se ha encendido de golpe y el chillido de la gente ha sido brutal. Allí estaban todos, incluso *Chusky*: mamá, papá, la abuela, Marta con un par de amigos y, por supuesto, detrás de algunos primos y compañeros de clase, el gran Matías. Casi me pongo a llorar. Desde luego me han dado ganas de salir corriendo, pero cuando me he relajado un poco he tenido que admitir que la broma había sido muy buena, hasta Matías había colaborado dejándome plantado en el parque.

Risas, abrazos, felicitaciones, tarta de cumpleaños y todo eso. Y al final, un regalo, sólo uno, pero ¡qué regalo!

Mis padres habían pensado que era mejor un solo regalo bueno que mil tonterías. Así que me han regalado un MICROSCOPIO... Un pedazo de microscopio chulísimo.

No lo he podido ni siquiera desempaquetar, no he tenido tiempo. Y la verdad es que ahora que ya estoy en la cama no puedo dejar de pensar en él. Mañana lo primero que voy a hacer es probarlo.

Jueves 14 de octubre

Matías y yo llevamos dos días pegados al microscopio. Tenemos los ojos redondos de estar todo el tiempo mirando cosas. Es una *flipada.* ¡Cualquier objeto esconde todo un mundo en miniatura!

Lo primero que vimos ayer fue un pelo de la cabeza. Y parecía un tronco. Estaba cubierto de escamas como una serpiente y terminaba en una raíz tan gorda que después de verla me ha empezado a doler el sitio de donde me lo había arrancado. Los de *Chusky* no eran iguales. Eran más finos, más delicados y la raíz era menos gorda.

Después vimos una pluma, un mosquito muerto, una hoja, una aguja, una uña, un poco de polvo y no recuerdo cuántas cosas más.

Pero lo más alucinante lo hemos visto hoy: el agua de un CHARCO. Sí, de un charco cualquiera, de esos que se hacen cuando llueve y se vuelven verdes pasados unos días. No me imaginaba yo que un charco estuviera tan lleno de vida: BICHOS y ALGAS llenaban el visor completamente. Se movían cosas constantemente, brillaban otras, algunas parecían naves espaciales y otras pequeños monstruos. Cuando uno ya no podía seguir mirando porque le dolían los ojos, se ponía el otro.

–¡Qué pena no poder fotografiar estas cosas! –me ha dicho Matías.
–Hombre, podemos intentar dibujarlas –y no era una mala idea, lo único malo era nuestra habilidad artística...

Dicho y hecho. Lápiz, papel y goma, claro que dibujar no es tan fácil... Y menos si los modelos no se están quietos. Pero, bueno, hemos hecho lo que hemos podido y al final algunos han quedado bastante bien, un poco raros pero bien.

Agotados, hemos salido a pasear a *Chusky*. El pobre, por culpa del microscopio llevaba dos días casi sin salir. Hemos ido al parque, hemos jugado, corrido y nos hemos escondido, vamos, todo lo que a él le gusta. Y al volver ha ocurrido lo que tenía que ocurrir... El problema de saber que hay todo un mundo en miniatura es que empiezas a ver las cosas de manera diferente. Cosas que hasta ahora no te habían preocupado se convierten en importantes. Por ejemplo, la manía que tienen los perros, y *Chusky* lo es, de beber agua de cualquier sitio.

–¡No! –hemos chillado a coro justo en el momento que le hemos visto beber de un charco.

Hazlo tú
EL MICROMUNDO

Esto es lo que necesitas:

- Agua de un charco.
- Microscopio o lupa.

¿Cómo lo harías?

Si tienes un microscopio, lee las instrucciones antes de usarlo. Si lo que tienes es una lupa, que no tiene instrucciones, te recomiendo que las cosas que mires estén bien iluminadas, así que hazte con un buen flexo. Además, debes poner las muestras en una superficie plana, si puede ser blanca, como un plato. Lo que veas sólo dependerá de los aumentos que tengan tanto la lupa como el microscopio, pero te aseguro que alucinarás.

Todo lo que veas lo puedes dibujar, por un lado para poder identificarlo luego con libros, y por otro para que flipes con lo raros que son algunos de los seres microscópicos, incluso inimaginables.

El pobre *Chusky* se ha quedado blanco, lleva toda su vida bebiendo de cualquier sitio sin que nadie le diga nada y de repente le asustamos como si lo que iba a beber fuera veneno.

Menos mal que nos ha entrado la risa en seguida, porque si no al pobre perro lo dejamos traumatizado para toda la vida.

Aún me da risa pensar en el susto tan tonto que nos hemos llevado. Pero, claro, es normal, ¡desde que tengo el microscopio los charcos se han convertido en océanos y los pelos en troncos!... Voy a cerrar los ojos, que los tengo cansadísimos.

Sábado 16 de octubre

Gracias a que Marta está estudiando biología estoy aprendiendo a hacer cosas muy chulas. Hoy, por ejemplo, la he ayudado a hacer moldes de huellas. En principio es muy sencillo, sólo hay que rellenar una huella con un poco de yeso, cemento o algo así. Luego ya te das cuenta de que no es tan fácil.

Como lo más importante es tener una buena huella y eso es muy difícil, hemos utilizado a *Chusky*. Y ése ha sido el primer problema. Mira que el tío se porta bien cuando quiere, pero cuando no quiere...

–Vamos a mojar un poco la tierra del jardín para que *Chusky* la pise –ha sido la idea de Marta.
–Bien pensado, hermanita. *¡Chusky,* ven aquí!
Pero si algo no le gustaba a *Chusky* era que lo bañáramos en el jardín y, claro, al oír la manguera se ha escondido.
–¡*Chusky,* bonito, perrito bueno, ven! –con esa voz falsa que pongo cuando quiero camelármelo.
–No vendrá, es más listo que tú y yo. Tendrás que ir a buscarlo –órdenes de Marta.

Sí, claro, buscarlo, pero ¿dónde? La última vez que se escondió nos costó una hora encontrarlo, y eso que participamos en su búsqueda mamá, papá, Marta y yo. El muy listo se metió en el coche, debajo de los asientos, y allí estuvo en completo silencio hasta que le descubrimos.

Pero hoy yo tenía una idea, le iba a tentar con un objeto irresistible para él: un cronómetro. Desde el día del equinoccio cada vez que lo ve quiere jugar con él. Lo iba a hacer con disimulo, sin buscarlo, simplemente pasearme con él colgando de la mano. Primero por el comedor, por delante del sillón. Nada. Después por el pasillo, para que me viera si estaba debajo de la cama. Tampoco. Y por último en el garaje. Y, ¡bingo!, allí estaba. No ha salido a la primera, pero he podido escuchar cómo se ha acelerado su respiración. El muy... se había escondido detrás de la caja de herramientas, pero como había crecido, la cola le salía por detrás.

–Bueno, aquí no está. Voy a cerrar la puerta y me voy –y sí, la he cerrado pero me he quedado dentro, aprovechando la oscuridad, para sorprenderle.

Como era de esperar él se ha movido en cuanto ha oído el portazo y se le ha quedado una cara de tonto al verme delante de él.

–Por una vez he sido más listo que tú. Ven aquí, bobo, que no te vamos a duchar. Sólo es para que nos ayudes a hacer una huella.

Al final, aunque Chusky no ha colaborado nada y no os podéis imaginar la que ha montado porque se ha manchado con un poco de barro las patas, hemos conseguido unas huellas bastante aceptables.

Hazlo tú
HUELLAS PARA SIEMPRE

Esto es lo que necesitas:

- Yeso, masilla o cemento.
- Un plástico fino, el que se usa para conservar la comida o los bocadillos vale.
- Una huella.

¿Cómo lo harías?

La única diferencia que nos importa entre los distintos materiales a usar es el tiempo de secado: el cemento tarda más que el yeso, y eso puede ser un inconveniente. Lo demás no tiene ningún secreto, sólo hay que practicar: poner con cuidado el plástico de cocina, intentar no desfigurar la huella al poner el yeso y retirar el molde con cuidado. Así que cuando en vez de una huella te salga un churro, recuerda que lo mejor es reírse un rato y volver a intentarlo. Recuerda que lo más fácil es empezar con la de tu gato o perro.

–Manos a la obra, Carlitos. Toma, mezcla un poco de masilla con un poco de agua hasta que se quede bien disuelta. Necesito que sea más líquida que espesa, así que ponle un poco más de agua.
–A sus órdenes, mi capitana.

Luego todo ha sido muy fácil. Hemos puesto un plástico muy fino encima de la huella y después hemos rellenado el hueco, con mucho cuidado de no deformarla, y lo hemos dejado secar un par de horas. Luego hemos retirado la masilla seca despacio y, ¡aleluya!, ahí estaba una copia casi perfecta de la pata de *Chusky*.

–No está mal del todo. Quizá hubiera sido mejor que el barro hubiera estado más seco. Bueno, al menos sirve como práctica. Otro día lo haremos con una de verdad, encontrada en el campo y de un animal salvaje –Marta, con su habitual perfeccionismo.
–Pues yo creo que ha quedado muy bien.
–Carlitos, es la primera que ves. Si hubieras visto las que nos ha enseñado hoy un profesor, ésta la tirarías a la basura.
–Si no la quieres me la quedo yo. Y si no está perfecta es porque es la primera, con un poco de práctica verás.
–Tienes razón. Puedes quedártela si quieres, te la regalo.

Y ahí la tengo, encima de mi mesa. Es la primera y por eso no está perfecta, pero tiene algo especial, es de *Chusky*.

A dormir.

Lunes 18 de octubre

Casi todos los animales emiten algún tipo de sonido. Desde muy fuertes, como el rebuzno de un burro, hasta muy débiles, como el silbido de una serpiente. Algunos son muy elaborados, como el canto de los pájaros, y otros sencillos, como el ladrido de un perro. La cuestión es que se comunican entre ellos usando su lenguaje. Y hasta aquí todo parece claro. O sea, uno lee el párrafo entero y comprende lo que significa, lo de comunicarse y todo eso. Pero luego te pasan cosas que no entiendes muy bien. Os explico: a veces vamos todos juntos por la tarde a dar un paseo. Sacamos a *Chusky*, nos compramos un helado y jugamos un rato en el parque. Hoy ha sido uno de esos días. Sentados en el césped ha salido la conversación.

–¿Habéis oído eso? –ha preguntado Marta.

–No –hemos contestado.

–Escuchad –ha insistido.

Y se ha oído el canto de un pajarillo.

–¿Qué es? –he preguntado.
–Si no me equivoco, es un jilguero –ha contestado mamá.
–¿Y cómo lo sabes? –le he vuelto a preguntar.
–La mayoría de los pájaros emiten cantos diferentes, de tal manera que puedes distinguirlos. Sólo es cuestión de oírlos muchas veces y al final te los aprendes –me ha explicado mamá.
–¿Y alguien sabe qué es eso que se oye ahora? –ha preguntado papá.
–Fácil, una chicharra –ha acertado Marta.
–¿Qué es una chicharra? –he preguntado con un poco de vergüenza.
–Un insecto. Como una mosca del tamaño de una mariposa. Hace ruido al frotar sus alas –me ha explicado Marta.
–¿Y eso que se oye ahora? –he preguntado.
–¿Te refieres a esa especie de zumbido que se repite? –ha preguntado mamá intrigada.
–Más bien parece mecánico. Debe de ser de algún niño con un coche teledirigido –ha añadido papá.

–En vez de coche debe de ser de avión teledirigido porque el sonido viene de arriba –ha concretado Marta.
–A mí me parece como de cortacésped, pero claro a estas horas los jardineros ya no trabajan –he añadido.

El sonido nos ha hipnotizado y sin querer nos hemos levantado para ver si averiguábamos su procedencia. Los

Observa

LECCIÓN DE CANTO

Animales que produzcan cantos, silbidos o simplemente ruido hay muchos. Pájaros, insectos y mamíferos pueden ser los protagonistas.
Para aprenderlos, escúchalos atentamente y, si puedes, grábalos. Existen libros donde puedes averiguar de quién se trata y también hay grabaciones, sobre todo de pájaros, para reconocerlos. Pero no te vuelvas loco, porque la variedad es increíble, ya que una misma especie puede emitir cantos diferentes para cosas diferentes. Así que tranquilo y a disfrutar.

cuatro, perdón, los cinco, como sonámbulos, hemos terminado al pie de un árbol cercano buscando entre sus ramas la respuesta. Y de repente ha salido un mirlo. Sí, ya sabéis, esos pájaros negros, con el pico amarillo y de un palmo de alto. Se ha posado en una rama y nos ha mirado fijamente. Luego ha estirado su cuello y, ¡no os lo vais a creer!: ha empezado a hacer el ruido que hace una motosierra. Parecía que se esta-

ba burlando. Incluso hacía los acelerones. El tío, superserio, repetía los sonidos una y otra vez, tan perfectamente que si cerrabas los ojos te imaginabas fácilmente al mirlo cortando leña con una pequeña motosierra.

Después del asombro inicial, nuestros padres nos han explicado que el mirlo es un pájaro que para conseguir pareja imita el canto de otros pájaros, de manera que tiene más posibilidades el que más cantos diferentes hace. Lo increíble es que uno de ellos haya aprendido a imitar a una motosierra.

–Pero, claro, si lo que oyes durante un tiempo es el ruido de las motosierras, lo que acabas aprendiendo es esto –ha dicho mamá.

–Tendríamos que haberlo grabado. Esto es increíble. Mañana sin falta tenemos que volver, a ver si hay suerte y lo podemos encontrar –ha comentado papá.

Agallas, telarañas y otras historias

Jueves 21 de octubre

Es como una hoja globo, es decir, igual que el pez globo pero en hoja. Tiene hasta el margen espinoso, como la hoja de verdad. Me la he encontrado en el parque, bueno, miento, se la ha encontrado *Chusky*, y antes de que la destrozara con sus dientecitos se la he quitado.

–¿Cómo has dicho que se llaman? –obviamente quería saberlo, aquello era de lo más curioso.
–AGALLAS, Carlitos, agallas como las de los peces –me ha respondido mi padre.
–Y ¿quién dices que las hace?
–Es una defensa de algunos vegetales contra el ataque de insectos. Éstos ponen sus huevos en el interior de una hoja, un fruto o una flor, y la planta o el árbol se protege envolviéndolos en un tejido especial, como un quiste –buena explicación, papá.
–Y ¿éstas de qué son?
–Esas parecen hojas de roble y, por lo tanto, el insecto es un pequeño tipo de avispa. ¿Está saciada ya tu curiosidad? Si quieres más información la puedes buscar en el libro de insectos o en internet –creo que la paciencia de papá se había terminado.

Pero gracias a sus indicaciones he podido encontrar mucha información. Hay agallas en forma de pelota, como la que yo tenía, otras tienen forma de cuerno, otras son como bolas de lana y las hay pequeñas como granos de arroz. Decidido, tenía que ver si en el parque había más.

–Matías, ¿te vienes al parque a buscar agallas?
–Pero, Carlitos, en el parque no habrá agallas; si acaso estarán en la pescadería.
–Tienes razón, pero, de todas formas, ¿te vienes al parque conmigo?
–Carlitos, cada día estás más raro. Pero está bien, te acompañaré, me das miedo por ahí tú solo con esas ideas tan raras que se te ocurren...

En el parque se lo he explicado todo y le ha parecido bien ayudarme. Perfecto, así son cuatro ojos los que buscarán.

Hemos encontrado de las peludas en un rosal, unas pequeñas en el envés de las hojas medio secas de un sauce y unas muy raras en un álamo.

–Carlitos, mira ésta. ¡Qué rara! Tiene como unos agujeros –buena vista, Matías.

–¿A ver?, ¡es verdad! Eso significa que las crías ya han salido –lo había leído en el libro de insectos.
–¿Quieres decir que ahora están esas avispas por aquí volando?
–Me imagino. Pero no te preocupes.
–¿Que no me preocupe?... ¿Quieres que nos piquen y que nos hinchemos como un globo, para después secarnos y que nos salgan bichos haciendo agujeros?... ¿Estás loco?
–Que no, tío, que no te picarán, que tú no eres un vegetal. Además, si te picaran no pasaría nada, seguramente los huevos morirían y ya está. Tú ni te enterarías.
–¿Me intentas tranquilizar diciéndome que puedo llegar a tener huevos de avispa muertos dentro de mi piel?... Yo me piro, tío... A mí esto me da mal rollo.

No me podía aguantar la risa, sobre todo al ver la cara de Matías. Y claro, cuanto más me reía yo, más nervioso se ponía.

–Como ya tenemos varias para la colección, si quieres nos vamos –le he dicho.
–Sí, vamos. –Y de repente–: ¡OSTRAS!, algo me ha picado en la pierna. ¡Carlitos, ayúdame! Llama a la ambulancia, a la policía, a quien quieras, pero tienes que salvarme...

–¡Ja, ja, ja! –no podía parar de reír–. Pero si te has pinchado con el rosal –y más risas.

El único problema al final es que Matías se ha enfadado, aunque se le ha pasado en seguida. Después, en casa, le he enseñado a mi padre los ejemplares cogidos y me ha confirmado que tanto los pelos secos del rosal como los bultitos de la hoja eran agallas. Mañana buscaré la del álamo, que al final no he podido coger por la falsa picadura de Matías.

Buenas ideas...

Sólo recuerda que si recolectas agallas coge sólo las secas, de color marrón y con agujeros de salida. Por dos motivos: ni tú ni yo queremos que se mueran sus inquilinos y seguro que no quieres llenar tu casa de avispas. Después de limpiarlas un poco, guárdalas en una caja con algún insecticida, con una etiqueta que marque el lugar donde la has encontrado, el árbol en que estaba y si te sabes el bicho responsable, también. Recuerda que una buena colección debe estar ordenada y documentada.

Domingo 24 de octubre

Me ha llamado como si no quisiera que le vieran. Parecía un espía barato, sólo le faltaba el sombrero y la gabardina.

–Mira, Carlitos, me he encontrado un diamante –me ha dicho Matías con ojos desorbitados.
–Eso no puede ser un diamante –sentía quitarle la ilusión.
–¿Ah, sí? ¿Y tú cómo lo sabes?
–Sencillamente, no creo que haya diamantes de ese tamaño aquí y nunca nadie se haya enterado –le he contestado con franqueza.
–Ya, bueno, pero yo me lo he encontrado en aquel agujero que hay detrás del campo ése, donde vamos a veces a pasear a *Chusky*.
–Matías, está claro que es un mineral. Si quieres vamos a preguntárselo a Marta, pero quítate de la cabeza esa tonta idea de que has encontrado una mina.
–Está bien, vamos a ver a Marta, pero te aseguro que no pienso compartir la gloria contigo. La mina se llamará simplemente Mina Matías.
–Me parece bien –me he tenido que aguantar la risa al contestarle.

Y como Marta estaba en casa...

–¿Qué es esto? –le hemos preguntado a coro.
–Pues si mi vista no me engaña, diría que es un bonito mineral de CUARZO. Déjamelo un momento –y Matías se lo ha dado con cara de tristeza sabiendo ya que no era un diamante.
–Toma.
–Parece verdadero. Pero habrá que hacer la prueba. Si no se raya con unas llaves es cuarzo. ¿Dónde lo has comprado? Es un buen ejemplar –le ha preguntado a Matías que, de repente, estaba más animado.
–No lo he comprado. Me lo he encontrado.
–Venga ya, es muy difícil encontrarse uno tan bueno –Marta desconfiaba.
–Es verdad, me lo he encontrado en el agujero que se hizo aquel día que llovió tanto.
–¿Dónde? –la reacción de Marta ponía la cosa muy interesante.
–Donde jugamos a veces con *Chusky.*
–¡Llévame!

Y de un salto se ha levantado. Casi corriendo hemos salido de casa. ¡Qué emoción! Marta parecía muy interesada, y eso sólo podía ser por dos cosas: un gran descubrimiento para la ciencia o una gran carcajada.

La que se ha montado allí en un momento. Marta ha llamado a un par de amigas, una de ellas se lo ha contado a su madre, que a su vez se lo ha mencionado a un amigo suyo amante de los minerales. Este señor ha venido con su mujer y sus hijos, uno de los cuales trabaja en la universidad. Al final han llegado más de veinte personas, todas atraídas por una foto enviada

Buenas ideas...

Coleccionar minerales siempre es interesante, entre otras cosas porque hay infinitas variedades. Sólo algunas recomendaciones: si te encuentras minerales en la naturaleza, no te los lleves todos, coge algún ejemplar y los demás déjalos para otros amantes de las piedras. No cojas minerales en lugares protegidos como los parques naturales. Y, por último, no hagas destrozos para conseguirlos: no por más cavar encontrarás más.

por móvil en la que se veía un socavón con dos paredes llenas de cuarzo. La verdad es que impresionaba. El hecho de que no fueran diamantes no le restaba importancia.

–¿Quién ha descubierto esta maravilla? –ha preguntado un señor mayor, que yo no conocía de nada y que parecía muy intrigado.
–Ha sido él –y el dedo de Marta ha apuntado a Matías.
–Muy bien, chaval. Mira, estaba enterrado, posiblemente desde hace muchos años. Es una preciosa grieta en la que han cristalizado cuarzos con una perfección increíble. Mañana mismo vengo con un par de colegas a estudiarla más a fondo. Por cierto, ¿cómo te llamas?
–Matías.
–Estupendo, me gusta. Como trabajo en la universidad voy a estudiar este yacimiento, así que, con tu permiso, al proyecto lo llamaremos el Yacimiento de Matías. ¿Te parece bien?

No ha podido contestar. Se ha quedado de piedra. De hecho, ahora que lo pienso, no ha vuelto a abrir la boca... Ni siquiera cuando se ha despedido... No hacía más que sonreír.

Lunes 25 de octubre

Esta tarde hemos ido a casa de la abuela. Y digo hemos porque desde que Matías probó la tarta de chocolate, siempre que le digo que voy a verla él insiste en acompañarme. Pero hoy no ha habido tarta, ha habido jacintos. ¡Qué risa! Os cuento...

–¿Qué tal, abuela?
–Hombre, Carlitos y Matías ¿A qué se debe este honor? –la abuela siempre tan graciosa.
–Nada, a hacerte una visita.
–Mira, pues ya que estáis aquí me ayudáis a poner unos jacintos en agua y de paso os lleváis unos para vosotros.
–¿Qué son los jacintos ésos? –ha preguntado Matías.
–Son unos BULBOS de unas plantas a las que les gusta mucho el agua, de manera que se pueden poner en un recipiente transparente lleno de agua y puedes ver sus raíces crecer –le ha contestado muy amablemente la abuela.
–¡Ah! ¿Y qué son los bulbos? –de nuevo Matías.
–Como las cebollas y los ajos. La planta, como no soporta el frío, se esconde bajo tierra en forma de bulbo, y cuando es la época adecuada vuelve a crecer. Mirad, aquí los tengo. ¡Hasta se pueden ver pequeñas raicillas debajo! –nos ha dicho mientras señalaba unos pequeños pelos secos que salían de la parte inferior de esa especie de cebolla enana–. Tomad, llenad estos tarros de cristal con agua hasta el borde y luego id poniendo los bulbos de manera que encajen en la boca del tarro.

Ha sido muy divertido, sobre todo por Matías. Dos se le han metido dentro de los tarros y no podía sacarlos.

Hazlo tú
BULBEANDO

Esto es lo que necesitas:

- Bulbos, de jacintos por ejemplo, aunque también se puede hacer con tubérculos como el boniato.
- Tarros de cristal y agua.

¿Cómo lo harías?

Lo dicho en el texto. Tan sólo recordarte que en el agua no hay nutrientes, de manera que no puedes tener el bulbo eternamente en el tarro. Lo ideal es que cuando haya florecido lo plantes en tierra.

¿En qué tienes que fijarte?

Lo más interesante es observar cómo crecen las raíces. Aunque no te lo creas, la planta sabe reconocer dónde está el agua gracias a unos sensores que tiene en el extremo de las raicillas. Al mismo tiempo empezarán a brotar las hojas, desde el centro de las cuales saldrá una especie de espárrago que florecerá.

Otro lo ha encasquetado bien, pero del revés. Luego ha roto un tarro sin querer. Y además se ha mojado todo.

–Matías, desde luego eres un poco torpe. Quizá si hicieras las cosas más tranquilo. Bueno, tampoco es tan grave... Menos mal que no trabajas como arquitecto... En fin, muchas gracias y, como lo prometido es deuda, aquí tenéis vuestros jacintos. Empezarán a brotar en unos días y, si los ponéis en un lugar protegido, en poco más de un mes empezaran a salir las flores.

Lo he puesto en la estantería, así podré comprobar el crecimiento de las raíces desde la cama. A ver si florece pronto y le da un poco de color a la habitación, que con tanto mineral, fósil y roca está muy gris. Buenas noches.

Viernes 29 de octubre

Algunas manchas de fruta cuesta mucho lavarlas. Eso es algo que uno aprende desde bien pequeño cuando le repiten eso de "cuidado no te manches, que no se van".

–Marta, ¿las manchas de granada se lavan bien?

–No, Carlitos, justamente las de GRANADA, que ahora están en su punto, son de las más difíciles de limpiar. ¿Qué te ha pasado?
–Pues, que me he manchado la camiseta blanca.
–¿Mucho?
–Dímelo tú –y le he enseñado la camiseta.
–Mucho no, ¡muchísimo! Pero ¿qué has hecho? ¿Te has peleado con ella?
–No, simplemente he tropezado. Dime, ¿cómo lo ves?
–Lo veo negro, muy negro. Aunque si lo miras bien, espera..., claro, ¡ahí está!
–¿El qué?
–Es un árbol. Míralo, se parece a un árbol. Quítatela y verás.
–¡Anda, es verdad!
–Se me ha ocurrido una cosa. ¿Quedan más granadas?
–Sí, pero ¿qué te propones?
–Imagínatelo.

La solución que se le ha ocurrido a Marta ha sido ésta: "Si no se puede quitar la mancha..., haz que sea bonita". Un cuenco, una granada, unos pinceles y un tenedor, todo ha aparecido rapidísimo en la mesa.

Hazlo tú
MANCH-ARTE

Esto es lo que necesitas:

- Granadas, por ejemplo, aunque también sirven en su época moras, fresas, uvas, arándanos y muchos frutos más.
- Un recipiente donde triturar el fruto y algo para triturarlo.
- Pinceles.

¿Cómo lo harías?

Todo consiste en sacarle el jugo a la fruta, por lo que cuanto más madura esté, mejor. Si está muy seca se le pueden añadir unas gotas de agua. Después sólo depende de tu imaginación.

Excepto de los arándanos, que te saldrá un rojo azulado, el jugo de las demás frutas es anaranjado. Si quieres verde tendrás que usar hojas tiernas, el amarillo lo puedes conseguir con flores amarillas, y el marrón de las cortezas. Si alguno está muy seco o no eres capaz de extraerle el color, puedes añadir unas gotas de alcohol.

–Pero, Marta, ¿estás segura de que es una buena idea?
–Pues claro que no, pero siempre me he preguntado si se podrían decorar camisetas con cosas así. Al fin y al cabo no lo digo yo, lo dice todo el mundo: las manchas de este tipo cuestan mucho de quitar.
–Pues nada, Marta, siempre podemos decir que ha sido todo un pequeño experimento.
–Así me gusta, hermanito. Toma, ayúdame a trocear esta granada. Luego la trituramos con el tenedor y pintamos con el jugo que salga.

El color no ha sido muy intenso y al final nos ha salido como si fuera una acuarela en tonos grises. Pero he de reconocer que la idea ha triunfado, ya que mis padres han apreciado el esfuerzo artístico y, por otro lado, el que tenía que ponérsela era yo. Así que, como ha dicho mi madre: "Mientras no lo hagas con mi ropa". El árbol ahora se veía perfectamente, incluso Marta había puesto un nido en una de las ramas. Lo rodeaban hierbas y en el suelo he pintado una ardilla que parecía más bien un balón de rugby.

Ahora estoy pensando que antiguamente los tintes se harían así, por lo que tienen que existir más frutos como la granada, que manchen tanto que se puedan utilizar como color. Y claro, habrá de otros colores: verde, amarillo, rojo y naranja. Y azul, ¿habrá alguno que tiña de azul? Mañana mismo lo busco.

Domingo 31 de octubre

En una plaza que hay cerca de mi casa hay un árbol grandísimo. Parece ser que lo plantaron hace mucho tiempo, tanto que es uno de los árboles más viejos de toda la provincia. Ahí escondido se ha librado de los incendios del verano que tantos árboles han quemado y, por supuesto, no le ha tocado convertirse en mueble, ya que su papel era dar sombra, consiguiendo él solito bajar la temperatura en la plaza hasta 10 grados en pleno agosto. Ahora, con pocas hojas, muestra su espléndido porte, enseñando sus poderosas ramas que crecen como intentando coger el cielo.

–¿Cómo has dicho que se llama?
–Platanero.
–Venga ya, Carlitos, no te quedes conmigo. ¿Platanero? ¡Anda ya!
–Exactamente creo que se llama plátano de sombra.
–Lo de sombra vale, pero lo de plátano... ¿Me estás diciendo que este árbol da plátanos?

–No, Matías, este árbol no da plátanos, pero te digo en serio que se llama así. A lo mejor es porque hace las hojas con forma de palma o porque viene de algún sitio que se llame así.

–Pero ¿a quién se le puede haber ocurrido semejante estupidez?

–No digas eso, Matías, alguna explicación habrá, búscala luego si tanto te intriga... Yo ahora no paro de pensar cuánto medirá el superárbol éste.

–Pues no sé, pero esas casas tienen seis pisos, una terraza arriba y una tienda abajo, a tres metros o más el piso, calcula, y además súmale un trozo más porque las sobrepasa.

–Espera, creo que leí en algún sitio cómo medirlo. Menos mal que llevo la regla en la mochila.

–¿Vas a medirlo con la regla? Pero si sólo mide cincuenta centímetros ¿Cómo piensas llegar hasta arriba?

–No, hombre, se hace con una regla de tres. Se pone un objeto de altura conocida al pie del árbol y después se retrocede hasta que el árbol se pueda ver entero dentro de la regla, o sea, que las raíces coincidan con el cero y la copa con el final de la regla; en este caso, cincuenta centímetros..

–Luego mides el objeto conocido y haces la regla de tres. ¿Cuánto mides?

–Un metro treinta y seis centímetros. ¿Para qué lo quieres saber?

–Porque tú eres el objeto conocido. Ven, ponte aquí, junto a las raíces. Y no te muevas.

–¿Esto no será una de esas bromas tuyas que siempre acaban mal?

–No y estate quieto. Vamos a ver, ya veo todo el árbol y a ti superpequeño. ¡NO TE MUEVAS AHORA! Así, veamos, Matías mide en la regla dos centímetros cuando el árbol mide cincuenta, luego el árbol mide veinticinco veces más que él. ¡YA ESTÁ, VOY!

–¿Qué? ¿Cómo ha quedado la cosa? ¿Cuánto mide?

–¿Qué, Matías, te ha picado la curiosidad? Pues que sepas que mide veinticinco veces más que tú.

–¿Cómo que veinticinco veces más que yo? ¿Quieres decir que lo que mido lo multiplico por veinticinco y ya está?

–Bueno, es aproximado. El resultado es de 33,75 metros.

–El mío era parecido.

–Sí, pero sólo te sirve si tienes casas cerca.

–Y el tuyo necesita una regla.

–¿Y qué es más fácil de llevar en la mochila una regla o un edificio?

–Bueno, está bien, tienes razón. Explícame cómo se hace.

Hazlo tú
TODO ES MEDIBLE

Esto es lo que necesitas:

- Una regla de unos 50 cm es la ideal, aunque sirve de cualquier tamaño.
- Un objeto de tamaño conocido. Lo mejor: algún amigo, amiga, familiar o persona que salga contigo de excursión.

¿Cómo lo harías?

Ponemos a la persona de pie al lado justo del árbol y nos separamos de ellos hasta que podamos medir el árbol con la regla, extendiendo el brazo y colocando el cero a sus pies. La cuestión es hacer una regla de tres o encontrarle una proporción a la altura del objeto conocido con la altura del objeto desconocido. Por ejemplo, si el árbol mide en la regla 30 cm y nuestro ayudante 1,5 cm, se multiplica la altura real del ayudante por 30 y se divide entre 1,5. Venga, que sólo son unas pequeñas operaciones, que no te asusten las matemáticas porque, aparte de ser muy útiles, no son tan difíciles.

Y se lo he explicado de nuevo. De vuelta a casa hemos medido una farola, una estatua y una grúa. Ha estado bien porque siempre te puedes hacer esa pregunta: "¿Cuánto medirá esto?" y no quedarte con la duda.

Se nos ha olvidado medir el campanario, aunque creo que no será tan alto como el platanero.

El platanero, qué gracia le ha hecho...

Jueves 4 de noviembre

Como siempre, lo ha visto *Chusky* antes que nosotros. Estaba lloviznando, sin mojar demasiado, pero lo suficiente como para que ya hubiera charcos. Estaba en una esquina de la calle, pegado a la pared medio escondido en una cañería. Desde dos metros de distancia era sólo una mancha oscura. Matías, *Chusky* y yo estábamos dando un paseo de los nuestros cuando volviendo ya a casa algo mojados...

–¿Qué pasa, *Chusky*? –le he dicho.
–Debe de haber olido algo. Déjale... –Matías siempre era así con *Chusky*.
–No, tío. Acuérdate aquella vez que se encontró aquel bocadillo medio podrido y luego no se lo podíamos quitar.
–No hay nada, sólo está oliendo, déjalo tranquilo.
–Espera, algo se ha movido. *¡Chusky!* Ven aquí. ¿Qué es eso? –yo había visto algo.
–A ver –y Matías se ha acercado a mirar también.

Estábamos tan cerca de "eso" que ha sido normal que nos pasará lo que nos ha pasado. Ha sido como un chillido, acompañado de un movimiento brusco, pero como no nos lo esperábamos, nos ha dado un susto tremendo. De tal manera que al desequilibrarnos hacia atrás nos hemos intentado coger el uno al otro y nos hemos caído al suelo. El problema ha sido el charco que nos ha amortiguado la caída... ¡Nos hemos mojado hasta las cejas! Y entonces lo hemos visto. Era como una golondrina pero en grande, todo negro y con unas alas largas y finas.

–¿Qué hacemos? –le he preguntado a Matías.
–Cógelo, lo llevamos a tu casa y le preguntamos a tu hermana –me ha respondido.
–Vale, pero cógelo tú.
–¿Qué pasa, te da miedo?
–Pues claro, igual que a ti, que a mí no me engañas –pero cuando lo he intentado coger se ha puesto a mover las alas, pero sin poder alzar el vuelo.
–Debe de estar herido, míralo, no puede volar.
–¡Rápido, cógelo ya!

Con él entre mis manos hemos llegado a casa.

–¡Marta! ¿Estás en casa?
–Sí, ahora bajo.
–Date prisa, es urgente.
–A ver, ¿qué pasa? ¡Anda! ¡Qué bonito! ¿Dónde lo habéis

encontrado? ¿Está bien? ¿Cuánto tiempo hace que lo tenéis? ¿Me dejáis verlo? ¿Qué pensáis hacer con él? ¡Pero qué bonito es! –a Marta le ha gustado.

–En la calle, no sabemos si está bien o no, hace diez minutos, sí que te dejamos verlo y no sabemos qué hacer con él. Y la próxima vez haz las preguntas más despacio. Toma –le he dicho mientras se lo ofrecía.

–Hola, bonito, ¿cómo estás? A ver esas alas. ¿Qué tal las patas? Mirad qué pequeñas que son. Los VENCEJOS son unos pájaros muy especiales, están pensados para volar de tal manera que pueden estar meses sin posarse. El único problema que tienen es que sus patas son muy cortas, están hechas para cogerse a las ramas y no para caminar por el suelo. Si se caen, sus alas son tan largas que tropiezan en el suelo y no pueden alzar el vuelo. Como no es muy oscuro debe de ser un joven que se ha perdido la migración y anda un poco desorientado. La lluvia le habrá hecho caer. Así y todo parece que está bien, que no tiene nada roto. Vamos a secarlo un poco y como ha parado de llover salimos fuera y lo soltamos.

Y ha sido espectacular porque había que ayudar al vencejo a despegar el vuelo dándole un pequeño empujoncito. Como la maniobra era delicada la ha hecho Marta. Lo ha cogido con una mano y lo ha lanzado como si fuera una piedra, pero con cuidado. El pobre, al notar el impulso, ha abierto sus alas y la visión ha sido increíble. Como si fuera un pequeño avión a reacción, ha surcado los aires a una velocidad escalofriante. Dos círculos ha dado a nuestro alrededor, casi rozando nuestras cabezas, para luego irse elegantemente... Parecía como si se hubiera despedido... ¡Qué manera de volar!... ¡Qué envidia!

Sábado 6 de noviembre

La madre de Matías pinta muy bien. Mejor dicho, la madre de Matías es pintora y de las buenas: ha hecho montones de exposiciones y sus cuadros se valoran mucho entre los que saben. Yo no sé si son buenos o malos, yo sólo sé que a mí me gustan mucho. Además, dibuja muy bien, de manera que ha ilustrado muchos libros de naturaleza.

El otro día Matías me enseñó un dibujo de un buitre que parecía que iba a salir volando del cuadro.

Matías no pinta demasiado bien. Mejor dicho, pinta fatal. Su madre le anima, le compra pinceles y pinturas, incluso tiene dos caballetes de esos de pintor. Pero no hay manera. El otro día me enseñó su último cuadro y creí que estaba del revés. Sin embargo, a Matías le gusta pintar, lo que sea, coge sus pinceles y se lanza a la aventura del color. Su madre dice en broma que es arte abstracto, y eso que mantiene algunos cuadros firmados por Matías colgados en su casa que si te quedas mirándolos un rato te absorben el pensamiento.

Cuando he llegado a su casa estaba todo preparado. Los dos caballetes, pinturas, pinceles, lápices de colores, carboncillos y un gran cuaderno con papel especial.

–Te estaba esperando. ¡Habíamos quedado a las diez y son las diez y cuarto! –cuando se trata de pintar, Matías se pone muy serio.
–Lo siento, *Chusky* no tenía ganas de volver de su paseo matutino.
–El bueno de *Chusky*. ¿Por qué no lo has traído?
–No quería que nos distrajese... ni que se comiera algún pincel.
–Tienes razón. Bueno, ahí tienes tu caballete. Toma una hoja y siéntate. Sírvete tú mismo, yo ya he empezado.

Mi intención era aprender. Las pinturas de Matías podían gustarte o no, pero hay que reconocer que el colega domina muy bien la técnica. Sabe qué pincel usar en cada momento, cómo mezclar colores para conseguir el que quiere y un montón de trucos para dar sombras o difuminar contornos. De hecho, si uno presencia una creación suya, alucina. Primero hace el dibujo o la pintura perfectas, con un realismo brutal, acertando en cada trazo y en cada color. Da igual que sea un caracol que una casa. Pero no se detiene ahí, porque cuando tú te crees que ya ha terminado, él empieza lo que llama "el momento del cambio". Cambia colores, borra figuras, distorsiona líneas y emborrona trozos de manera que al final no queda nada de lo inicial.

–¿Qué vamos a pintar hoy? –le he preguntado al artista.
–Yo estoy pintando ese árbol, con el pájaro y las hierbas.
–Vale, pues yo también.

Los momentos que paso pintando son una cosa especial... Si te relajas consigues olvidarte de todo por unos minutos... Independientemente de que el cuadro se vaya después a la basura.

–¿Qué tal va? –después de casi dos horas Matías ha roto el silencio.
–Muy bien, intentando que el pájaro se parezca a un pájaro.
–Y tú, ¿qué tal vas?

Hazlo tú
A PINTAR

Esto es lo que necesitas:

- Pinceles, lápices, carboncillos, rotuladores...
- Un bonito motivo que pintar.

¿Cómo lo harías?

Pintar no es fácil. Paciencia. Al pintar cosas naturales lo importante es que las proporciones y los colores se ajusten bastante. Si luego se parece o no al original no tiene importancia.

Lo que sí que tiene importancia es que pintar tiene muchas ventajas. Por un lado, relaja, de manera que te puede ayudar a concentrarte o a olvidar ese tonto problema que te agobia. Es bueno para las neuronas, ya que los colores y las formas las hacen trabajar. Y, por último, es muy útil en el campo, donde no siempre se tiene una cámara de fotos para inmortalizar algo.

Y al girarme a hablar con él he visto su cuadro. ¡¡INCREÍBLE!! Parecía que uno podía entrar y sentarse a la sombra del árbol. Había pintado los líquenes del tronco, el estornino de la rama, el escarabajo del suelo y el Sol del cielo. Pero claro, aquello era un espejismo. En menos de diez minutos ha ocurrido lo de siempre. Los pinceles han volado, la pintura se ha derramado y todo ha cambiado.

–Matías, no comprendo por qué haces eso.
–No lo sé, Carlitos, no lo puedo evitar. Sólo sé que necesito hacerlo. Yo sigo pintando lo mismo, pero cambio el enfoque... No sé.
–¿Que cambias el enfoque? ¡Tú lo que haces es cambiarlo todo! Ahora cualquiera diría que sólo has pintado nubes.
–¡¿Nubes?! ¿Es que no ves el árbol? ¿Y las hierbas? Pero si se ve perfectamente hasta el pajarraco ese negro de la rama.
–Estornino, Matías. Se llama estornino. Y no, no lo veo.
–No entiendes el arte, Carlitos. Ésa es la única explicación. Tú dedícate a los "estornudos" y ya está.
–¡¡ESTORNINOS!! –Creo que a veces pronuncia mal los nombres adrede, para molestarme.
–Como se llamen. Y tú, ¿qué has pintado?
–Mira... Yo también he pintado nubes.

Ha sido interesante. Él adrede y yo sin querer hemos hecho la misma pintura. Y si no la misma, muy parecida. Ninguna de las dos era como el modelo escogido. Las dos parecían un gran borrón, como una nube.

Ahí las tengo expuestas en la pared. Las he puesto de manera que desde la cama no las veo, no sea que luego a oscuras me den miedo. Nubes, ¡qué fuerte!

Miércoles 10 de noviembre

No ha sido nada fácil, hemos necesitado mucha delicadeza y paciencia. Cualquier brusquedad o torpeza lo habría mandado todo al traste. Pero había que arriesgarse.

Estábamos en casa Matías y yo jugando a la Play cuando ha llegado Marta.

–Se saluda –le he dicho a mi hermana, que venía alterada.

–Lo siento, hola. Venía con prisa y no os he visto.

–¿Qué pasa?

–Ah, nada. Un pajarillo se ha comido una araña.

–¿Y qué vas a hacer, socorrerle para que no se envenene? –ha dicho Matías burlándose.

–Podrías llevarlo a urgencias –he añadido yo.

–¡Qué graciosos sois! ¿No lo entendéis? La telaraña se ha quedado sola.

Y con algo que había cogido, ha salido por la puerta.

–¿La telaraña se ha quedado sola? –hemos repetido a la vez.
–Suena interesante –me ha dicho Matías.
–Ya te digo. ¡Interesante no, INTERESANTÍSIMO!

Y sin pensarlo dos veces hemos salido tras ella. Una pequeña carrera y ya estábamos a su lado.

–¿Qué le pasa a la TELARAÑA? –la pregunta de Matías.
–¿Qué significa que esté sola? –mi pregunta.
–Vaya, ya no estáis tan graciosos. Ahora os pica la curiosidad.
–Venga, no seas rencorosa, sólo era una broma.
–Sí, venga, cuéntanos.
–Está bien, pero sólo porque necesito ayuda porque si no...

Parece ser que leyó hace mucho tiempo cómo conservar telarañas, pero hasta hoy no lo había podido hacer. Y realmente es muy sencillo, sólo es necesario rociarla con laca o fijador y luego pegarla a una cartulina. El problema es que Marta no quería robar la telaraña y dejar a una araña sin casa.

–Les cuesta mucho trabajo hacerlas. Ahí viven y consiguen su alimento. Incluso pueden tener crías –nos ha explicado.
–¿Y qué pasa con el pájaro? –ha preguntado Matías.
–Viniendo a casa me ha llamado la atención una telaraña que brillaba en una rama. Y cuando me iba a acercar he visto perfectamente cómo un mirlo se acercaba a toda prisa y con un movimiento rápido se la ha tragado. Es algo natural y no se debe interferir: los mirlos comen arañas, las arañas comen moscas y las moscas comen lo que comen... Pero, claro, la telaraña ha quedado sola e intacta, y eso había que aprovecharlo. Mirad, ahí está.

Con el sol del atardecer y la humedad del ambiente, la telaraña brillaba adornada como con mil minibombillas.

–¡Ostras, es guapísima! Nos ponemos a su disposición, ¡oooh, gran Marta! –Matías siempre haciendo de las suyas.
–Menos cachondeo, ¡oh, gran Matías! Las telarañas son muy delicadas. Un movimiento brusco, un estornudo, una tontería y se rompen. Así que un poco de seriedad. Toma, sostén la cartulina e intenta que se quede plana.
–Cartulina negra, qué lista, para que se vea mejor.
–Exacto. Carlitos, ven, ayúdame, necesito que sujetes la rama para que no se mueva. Primero la rociamos con laca, pero

desde lejos para que no se rompa, así –y una gran nube de laca ha impregnado la telaraña. Y también a los dos ayudantes.

–Cuidado, que nos llenas de laca.

–Tranquilos, no os mováis. Ahora un poco de laca a la cartulina. Muy bien. Y ahora lo más difícil. Matías, cuando consiga que se quede pegada, tú la sujetas y yo la separo de la rama.

¡Ni respirar! No me atrevía ni a respirar. Ha sido muy poco tiempo pero la delicadeza del trabajo lo ha hecho larguísimo. Verdaderamente, ha sido un momento de tensión, los tres concentrados, coordinados, parecíamos un equipo de investigación de verdad. Cuando ha soltado el último trozo todos hemos emitido una especie de grito contenido.

–¡Madre mía, ha quedado perfecta! –ha dicho Marta muy ilusionada con el resultado final.

–Tienes toda la razón. Ahora comprendo tu interés –le he contestado.

Un marco, con cristal y todo, le ha puesto cuando hemos llegado a casa. Incluso ha conseguido que mis

Hazlo tú
LA TELA DE ARAÑA

Esto es lo que necesitas:

- Laca del pelo o fijador, da igual, sólo es imprescindible que el chorro que salga sea lo más fino posible.
- Una telaraña sin araña.

¿Cómo lo harías?

Desde un metro de distancia rociamos la telaraña con la laca, sin pasarse de cantidad. Rociamos también la cartulina, que puede ser del color que quieras, aunque los mejores son sobre todo el negro y, en caso de telarañas oscuras, el blanco. Lo difícil viene ahora: tienes que acercar la cartulina por detrás hasta conseguir que toda ella se quede pegada al mismo tiempo y soltarla con mucho cuidado. Después le puedes poner un poco más de laca.

Por último, recuerda que la araña no tiene por qué quedarse sin casa, hay muchas telarañas sin araña.

padres, a las tantas de la noche, sacaran el taladro y le colgaran el cuadro. Pero les ha gustado tanto que no han puesto ninguna pega.

Sábado 13 de noviembre

–Yo creo que nos miraba a nosotros –le he dicho a Matías.
–¿Tú crees? –me ha contestado él.
–¿No te has dado cuenta? Cuando ha dicho lo de "con cosas de la naturaleza".
–Bueno, ¿y qué?
–Pues que como él sabe que nos gusta la naturaleza, quiere que hagamos el trabajo con cosas naturales. Es como un reto: tenemos que evitar usar plástico o cosas así.
–Ya pero con plástico es más fácil... Te vas a una ferretería y te compras un metro de tubo.
–Es cierto, pero reconoce que puede quedar superchulo si lo hacemos con algo natural. Al fin y al cabo el objetivo es hacer un muñeco:

"El MUÑECO ELÁSTICO" lo llamó el profesor. La historia consistía en hacer un muñeco con diez tubos, de manera que pasando una goma elástica por su interior se mantuviera de pie. Dos tubos por pierna, dos por brazo, uno para el tronco y otro para la cabeza, cortados a diferentes tamaños. Lo más fácil, como bien decía Matías, era recurrir al plástico, pero yo he sentido la necesidad de hacerlo con algún material natural. Las características necesarias eran que fuera como un tubo, o sea hueco, y de una anchura de un centímetro por lo menos, que fuera resistente pero que se pudiera cortar, y de por lo menos cincuenta centímetros de largo. Pero no se me ocurría nada.

–Yo creo que lo voy a hacer con unos tubos que tiene mi padre en el trastero, deben de ser bastante finos, como una caña.
–¡Eso es Matías! Con cañas. Eres el mejor. ¡Qué tío! –le he dicho a Matías sorprendido.
–¿Qué he dicho ahora? A ver, ¿no te estás burlando de mí?
–No, Matías, en serio, piénsalo, ¡con cañas puede quedar chulísimo! –lo estaba viendo.
–Lo que yo te digo, sin mí no eres nadie. Siempre tengo que ser yo el que solucione los problemas.

Cañas hay, y muchas, en el embalse, que aunque no es muy grande y está algo seco, siempre mantiene la suficiente humedad como para que haya muchas plantas

Hazlo tú

EL HOMBRE ELÁSTICO

Esto es lo que necesitas:

- Cañas, de medio centímetro de anchura. Con medio metro de caña sobra.
- Tres gomas elásticas. Si no son bastante largas, ata dos.
- Una tapa de plástico de algún bote, como los de cacao soluble. Opcional.

¿Cómo lo harías?

Cortamos la caña en 10 trozos, asegurándonos de que todos sean huecos, de los siguientes tamaños aproximados: un trozo de 1 cm para la cabeza, dos trozos de 2 cm para los antebrazos, dos trozos de 1,5 cm para los brazos, un trozo de 2,5 cm para el tronco, otros dos de 2,5 para los muslos y dos últimos trozos de 2 cm para las pantorrillas. Sujeta las gomas a las cañas, una en la cabeza y otras dos en los brazos, te bastará con pasar la goma por dentro de la caña y atravesarla con un palito en el extremo. Pasa las gomas por dentro de los antebrazos y, junto con la de la cabeza, mételas por dentro del tronco. De ahí pasamos dos por un muslo y otra por otro muslo y después por las pantorrillas. Al final pásalas por dos agujeros de la tapa de plástico y átalas por debajo, o si lo haces sin base, sujeta las gomas de nuevo atravesando dos palitos en sus extremos.

a su alrededor. El problema ha sido que esa humedad también mantiene muy mojado el suelo, y ya sabéis, *agua + tierra = barro*. En resumen, todo ha salido bien, o sea, tenemos las cañas, excepto por un pequeño detalle: he perdido una zapatilla.

–Intentemos coger ésa –le he dicho a Matías.
–¿Por qué? Éstas de aquí están bien –él ya había cogido un par de cañas del suelo.
–¿No la ves? Es perfecta, ayúdame.
–Carlitos, somos amigos y todo eso, pero yo las zapatillas no las meto en ese barrizal.
–Que está seco, tonto. Tú quédate aquí y me das la mano. Yo me estiro y la cojo.

Pero, claro, la teoría es una cosa y la práctica otra muy diferente, sobre todo si en la teoría no se tiene en cuenta la humedad en las manos. ¡ZAS! Sonido producido por el resbalón de manos... ¡CHOF! Sonido producido por la introducción de un pie en un metro de barro.

– ¡Carlitos, no se te ve la pierna! ¡Qué fuerte! No me imaginaba que hubiera tanto barro.
–¡Ayúdame..., no puedo sacar la pierna...! ¡Estira!

–Voy. No puedo, ¿estás bien estacado?
–Estira ahora, que yo mientras moveré el pie.
–Parece que te mueves un poco.
–¡Sigue, que ya salgo! Sí, estoy saliendo..., menos mal.
–¡Ja, ja, ja! Y ahora ¿qué hacemos? –me ha dicho Matías mientras se reía no sé por qué.
–Pues irnos a casa a hacer el dichoso "hombre elástico".
–Y ¿cómo nos vamos?
–¿Cómo que cómo nos vamos? ¿A qué viene esa pregunta?
–Mírate el pie –y la risa que le ha entrado ha sido descomunal.

La zapatilla ha desaparecido, tal cual, ante mis ojos el barro se ha vuelto a cerrar y ha desaparecido. Me ha sabido mal porque eran unas zapatillas que me gustaban, pero me ha sabido peor volver medio descalzo hasta casa. Eso sí, el "hombre elástico" me ha quedado superguapo.

Lunes 15 de noviembre

El cole está en una avenida bastante larga llena de grandes árboles. Éstos no son muy viejos, pero las buenas condiciones les han hecho crecer mucho, y la verdad es que desde el suelo no se puede ver el cielo, ya que forman una verdadera cúpula verde. En verano se llena de gente paseando debido a que la temperatura debajo de ellos es mucho más agradable. Pero esta semana la poda que les hacen todos los años al llegar el otoño ha sido mayor y los pobres se han quedado un poco feos. Hemos preguntado y nos han dicho que era necesario.

El problema con estos árboles viene de algunos años atrás. Todo empezó después de que se quemara en verano una zona cercana que tenía un buen bosque, creo que fue exactamente hace cuatro años. En principio sólo fue eso, bueno, no es que no sea grave un incendio, pero nadie se imaginaba que las consecuencias nos iban a afectar a todos tan directamente.

El bosque que se quemó estaba en un lugar especial, protegido por un par de montañas y al refugio del viento. Con esas condiciones muchos pájaros anidaban y daba gusto pasearse por él. Como el bosque desapareció, los pájaros tuvieron que buscarse otro sitio donde vivir y, por supuesto, se empezaron a mudar a los árboles de la avenida, que ya estaban bastante crecidos. Y todo empezó a ir mal por un solo pájaro: el ESTORNINO. Estos pájaros pasan aquí todo el año y apenas los ves, pero cuando empieza a hacer frío se agrupan en bandadas y buscan refugio en bosques protegidos, de tal manera que pueden verse miles de ellos juntos salir por las mañanas a buscar comida y volver todos juntos, al atardecer, a sus refugios verdes.

El primer año su número alcanzaba los VEINTE MIL ejemplares, el segundo año hubo gente que decía que ya pasaban de CIEN MIL y el tercer año la estimación ya estaba cerca del MILLÓN. Era impresionante verlos volar: se nublaba el Sol, ya que llegaban a ocupar todo el cielo. Tengo algunas fotos del año pasado en las que se ve una mancha negra tan grande que parece que esté aterrizando un avión. Por las noches los árboles hervían de vida. Pero, claro, estos pájaros no sólo vuelan, se alimentan o construyen nidos; también hacen sus necesidades, y aquí empezó el problema. ¿Os imagináis un bombardeo constante de un millón de cagarrutillas? Empezó a ser imposible caminar por debajo de los árboles sin recibir algún impacto, la ropa que tendía la gente acababa repleta de manchas y los coches de las calles parecían tener la varicela. Todo el suelo, los bancos y las plantas acababan con una bonita capa de excrementos. Y claro, los vecinos empezaron a protestar, aunque todo el mundo quería respetar los árboles.

El primer intento consistió en colocar unos altavoces entre los árboles y los tejados por los que se oían disparos de escopeta cada cierto tiempo. Los pájaros, al oír el ruido, salían volando y todo pareció resolverse. Pero no fue así ya que con el tiempo los estorninos se dieron cuenta de que después de los tiros no pasaba nada, con lo que se fueron acostumbrando y al final no se asustaban. Cosa que no pasaba con los vecinos, que no se acostumbraron a oír disparos. ¡Normal!, si vas por la calle y de repente ¡BANG!, te llevabas un susto de muerte.

El segundo intento sustituyó el sonido de los tiros por el sonido de un águila. Fue una temporada alucinante ya que paseando por la avenida se oía de vez en cuando el grito de una rapaz, que por culpa de los altavoces parecía ser gigantesca. A veces, después de oírla te daba la sensación de que unas grandes garras te iban a llevar volando. Pero, claro, a base de oírlo también se acostumbraron.

El último intento para no tener que podar los árboles a lo bruto fue el mayor fracaso, ya que las figuras imitando búhos acabaron cubiertas de excrementos.

Total, que al final este año han tenido que dejar los árboles tan pelados que parecen postes de la luz. Con tan pocas ramas los estorninos tendrán que buscarse otro sitio donde nidificar y las personas otro sitio donde pasear. Menos mal que los árboles vuelven a crecer. Claro que si vuelven a crecer, ¿volverán los estorninos?

Si lo piensas bien, la única solución hubiera sido que no se quemara el bosque, pero claro... ¡MALDITOS INCENDIOS!

Jueves 18 de noviembre

–Mamá, ¿cómo se puede medir la velocidad del viento?
–Pues, hombre, existen aparatos, que se llaman ANEMÓMETROS, que los puedes comprar y que son muy buenos.
–¿Con la mísera paga que me dais?
–Pero bueno, ¿de qué quieres hablar: del viento o de la paga?
–Del viento, mami. Lo que pasa es que yo me refería a si hay manera de construir uno.
–Pues mira, sí. Puedes construirte una manga anemométrica.
–¿Una manga?
–Sí, como las que hay en los aeropuertos, como los dibujos de las señales de carretera que te indican viento fuerte. Esas que son a bandas rojas y blancas.
–¡Ah!, ya sé cuáles dices. Pero ¿eso lo puedo fabricar yo?
–Realmente no hace falta que la fabriques, puedes usar ropa vieja y coger una manga de un jersey o una perne-

ra de un pantalón. Lo difícil es hacerle las marcas. Ten en cuenta que a mayor velocidad del viento más se estira la manga, de manera que las bandas de colores te dicen la velocidad.

–¿Y cómo podría calcularlo?

–Bueno, con otro anemómetro, la manga se levanta hasta un punto y entonces marcas la velocidad.

–Mamá, no tengo otro anemómetro.

–¿Sabes cómo podríamos hacerlo? Con el coche. Yo conduzco y te digo la velocidad a la que vamos. Tú sacas la manga por la ventanilla y haces una marca. Lo que pasa es que el coche está en el taller y hasta mañana no lo tendremos... Carlitos, ¿dónde vas? Te estoy hablando...

¡He tenido una inspiración! Me he acordado del cuentakilómetros que le regalaron a Matías para la bici. He cogido el pantalón que me había sacado mi madre y he salido corriendo.

–¿Lo has entendido?

–Que sí, no seas pesado.

–Recuerda que tienes que mantener la velocidad constante. Primero a diez kilómetros por hora, luego a veinte y así hasta que no podamos más.

Hazlo tú
EL ANEMÓMETRO

Esto es lo que necesitas:

- Un pantalón viejo; mejor dicho, medio.
- Un aro de metal que encaje.
- Un rotulador gordo.

¿Cómo lo harías?

Ata el aro a la entrada del medio pantalón para asegurarte que el viento entre libremente. Con ayuda de algún aparato que mida la velocidad, hazle marcas con el rotulador en la parte que se haya levantado. Por ejemplo, si vas a 20 km/h el principio de la manga se levantará y el resto no, así pondremos en esa flexión nuestra marca de los 20. La única cosa que tienes que tener en cuenta es que la tela no sea demasiado pesada, como un vaquero, porque si no, con poca velocidad no se levantará. Recuerda que las marcas de velocidad tienes que pintarlas después muy llamativamente para que se puedan ver bien desde lejos.

A pesar de haber cortado el pantalón por la mitad y de haberle puesto un alambre en la parte de arriba para que el cilindro de tela se mantuviera abierto, la operación no ha sido fácil. Matías no conseguía una velocidad constante y yo perdía el equilibrio fácilmente, de manera que hemos estado a punto de caernos un montón de veces.

Pero así y todo hemos conseguido marcar los diez, veinte y treinta kilómetros por hora.

–Fantástico, Matías. Con estas tres velocidades me doy por satisfecho.
–Espera. Vamos a la cuesta que hay detrás de mi casa a ver si alcanzamos los cuarenta –me ha propuesto.
–No sé, me parece muy arriesgado. Los dos en una bici, la manga y yo intentando hacer la marca.
–Venga, hombre.
–Está bien, pero si te digo que pares, ¡para! No quiero romperme la cabeza.

La cuesta era larguísima y a esas horas estaba completamente desierta. Si todo iba bien seguro que llegábamos hasta los cincuenta. El problema es que el que llevaba la bici era Matías.

–¡Preparados!
–No del todo, pero qué más da, la ciencia exige sacrificios.

Al principio todo ha ido bien, hemos comprobado los diez, veinte y treinta, e incluso hemos podido marcar la de cuarenta.

–Muy bien, Matías, ya tenemos la de cuarenta. Por mí lo podemos dejar.
–¿Y perder la oportunidad de llegar hasta los cincuenta? Ni hablar. Cógete fuerte.
–¡Matías, no! ¡Para!

Pero no ha parado; al contrario, se ha puesto a pedalear más rápido. Y, en efecto, hemos alcanzado la velocidad de cincuenta kilómetros por hora. Pero en el último momento...

–¡Cuidado con el perro!
–¿Qué perro?
–¡Ese perro! ¡GIRA!
–¡No puedo...!

Menos mal que siempre montamos con casco, rodilleras y coderas, y que algún vecino había estado recogiendo las hojas secas, porque si no nos pegamos la piña del siglo. Un poco mareados hemos comprobado que la última marca de velocidad estaba bien visible, así que hemos dado la experiencia por terminada.

–¿Qué has hecho con la otra mitad del pantalón? –me ha preguntado Matías.

–No había otra mitad. Este pantalón era así.
–Sí, hombre. ¿Me estás diciendo que te vendieron un pantalón partido por la mitad?

Menos mal que Matías ha cogido la indirecta.

–Vale, de acuerdo, pero yo también quiero un maremoto de esos.
–ANEMÓMETRO.

El próximo ahorraré y me lo compraré. Más exacto, más seguro y más rápido. Y si quiero fabricar algo, me conformaré con un recortable.

Sábado 20 de noviembre

Hoy hemos hecho el pájaro. En concreto hemos imitado a los ARRENDAJOS. Son una especie de pequeños cuervos de color marrón que viven en los bosques de robles o encinas. Se alimenta casi de cualquier cosa, pero cuando llega el invierno su dieta se compone básicamente de BELLOTAS. Y para que no le falten, se pasa todo el otoño escondiéndolas en las cortezas de los árboles o las

Hazlo tú
HACIENDO EL ARRENDAJO

Esto es lo que necesitas:

- Bellotas o cualquier semilla silvestre, macetas y tierra.

¿Cómo lo harías?

Las bellotas son muy agradecidas, sobre todo las que ya han empezado a sacar su primera raíz; suelen brotar todas. Si en tu zona no hay encinas, planta lo que sea: pinos, hayas, alcornoques, arces o fresnos. Haz el arrendajo, así conseguiremos entre todos que los bosques crezcan, que hace falta, con lo bonitos que son.

¿En qué tienes que fijarte?

En que lo que plantes sea autóctono, es decir, que sea natural de tu zona. No es por capricho, tiene dos razones: la primera es porque estará acostumbrado al clima mucho mejor que cualquier otra especie; y la segunda es porque si algún día crece demasiado para tenerlo en la maceta, lo podrás plantar en el suelo donde tú quieras.

entierra en el suelo. Como no tiene muy buena memoria, como Matías, muchas de las bellotas que entierra se acaban convirtiendo en árboles, o sea que es un repoblador involuntario muy eficaz.

Esta mañana hemos ido con nuestros padres de excursión. Estábamos buscando bellotas para plantarlas en casa en macetas, y claro, nos hemos dado un paseo por el bosque de encinas que hay cerca del pantano.

–Escuchad. Sólo cogeremos las que ya tienen asomando la primera raíz, las otras las plantaremos allí donde las encontremos. Tomad, estos palos os ayudarán a hacer un agujero en la tierra donde meteréis las bellotas que os he dicho. ¿Entendido?

–Sí, mamá –hemos dicho a coro Marta y yo.

–Y ojito con *Chusky,* que no se aleje demasiado. Acordaos de la última vez...

–Sí, papá –hemos vuelto a repetir a coro.

El bosque de encinas es precioso. Los árboles están llenos de musgos y líquenes, las ramas llenas de nidos y el suelo está cubierto por un esponjoso mantel de hojas. Se respira un aire limpio y fresco, y las copas de los árboles frenan los vientos fuertes.

Hemos ido paseando, tranquilamente, mirando el suelo, recogiendo algunas bellotas y plantando otras. Sin querer entre los cuatro habremos plantado unas cien.

–Hemos recolectado unas veinte bellotas con raíz y hemos plantado muchas más. Yo me doy por satisfecho. ¿Qué os parece si descansamos en este claro y almorzamos?

Y así lo hemos hecho. A los veinte minutos de estar allí tranquilos, almorzando, disfrutando de la paz que se respiraba, hemos oído un ruido. Parecía lejano, pero como nosotros no llevamos equipo de música al campo, ni hablamos a gritos, lo hemos podido oír perfectamente.

–¿Qué ha sido eso? –ha preguntado Marta.
–No lo sé. Parecía como un ronquido. A ver si se vuelve a oír –ha dicho mamá.
–¡Otra vez! Y ahora se ha oído más fuerte. Creo que sí que es un ronquido –ha dicho papá.
–Entonces sólo puede ser una cosa –ha dicho mamá poniendo su cara de susto.
–Bueno, hijos, nos vamos a levantar tranquilamente y nos vamos a subir en esa encina, la que tiene esa rama tan baja.

Marta, tú coge a *Chusky* y yo ayudaré a Carlitos. Mamá, coge la mochila con el almuerzo y vamos –ha dicho papá un poco serio mientras se volvía a oír el ronquido más fuerte todavía.

–Papá, ¿es lo que creo que es?

–Sí, Marta. Así que por favor date prisa en subir con *Chusky*.

Justo cuando nos acabábamos de subir han aparecido. Eran como unos veinticinco trotando a paso ligero, y han pasado por debajo de nosotros como un escuadrón de tanques. Eran JABALÍES enormes, sobre todo un macho que iba al final del grupo, luego había unos diez más, y lo más gracioso: iban protegiendo a nueve jabatos preciosos. Mamá nos ha dicho que a pesar de que parecía que no nos habían visto, con su olfato seguramente ellos ya sabían que estábamos aquí antes de que nosotros les oyéramos. El desfile ha sido espectacular.

Cuando ya habían pasado y estábamos a punto de bajar, el maldito *Chusky* se ha escapado de las manos de Marta y ha salido corriendo detrás de ellos ladrando como un loco. El pobre sólo quería defendernos y le ha salido mal, ya que cuando estaba justo a punto de darles alcance, el gran macho que cerraba el grupo se ha dado la vuelta...

Durante unos segundos se han quedado parados uno frente al otro, observándose, midiéndose... Y claro, lo que era de esperar ha ocurrido: el jabalí se ha puesto a perseguir a *Chusky*. Menos mal que es un perrito veloz, porque si no... Cuando ha llegado a nuestro lado el jabalí ha dado la vuelta y se ha ido. ¿Y qué ha hecho *Chusky*? Pues lo que hacen los perrillos como él: cuando ya estaba seguro detrás de nosotros se ha puesto a ladrar de nuevo, y claro, el jabalí se ha detenido y nos ha mirado...

–¡¿Alguien puede hacer callar a *Chusky*?!

Ahora me río, pero en ese momento estaba muerto de miedo. Nunca había visto un jabalí de cerca, y mucho menos veinticinco juntos. Se lo tengo que contar a Matías. Se va a morir de envidia...

Con las setas y los hayucos llegó el frío

Domingo 21 de noviembre

–A mí me parece un sombrerito –ha dicho Matías.
–Pues a mí me parece más un vaso –le he respondido.
–O un dedal –ha dicho Marta.
–¿Un qué? –hemos dicho a la vez Matías y yo.
–Cómo se nota que no habéis cosido nunca. Un dedal es lo que se usa al coser para protegerte el dedo.
–Bueno, lo que sea. ¿Qué se supone que vamos a hacer con estos chismes? –le he preguntado a Marta de nuevo.
–No lo sé, pero al plantar las bellotas que cogimos ayer, hemos tenido que quitarles los "sombreritos", que dices tú, y como tienen esta forma tan mona me ha dado pena tirarlos. Venga, ¿se os ocurre alguna idea?
–¿Qué son? –ha preguntado Matías.
–Son la estructura que protege a la bellota mientras crece en el árbol. A veces cuando ya está madura cae al suelo con ellos.
–Desde luego, si yo fuera un enanito del bosque o un gnomo, los usaría como sombrero. Son duros e impermeables y a la vez bastante ligeros.
–Muy bien, me has dado una idea. Tengo todavía un poco de arcilla. ¿Queréis que la baje y hacemos figuritas de gnomos?

Evidentemente, hemos dicho que sí. El barro o arcilla siempre ha sido un material divertido de trabajar. Y si algo te sale mal, antes de que se seque puedes volver a empezar. Así que nos hemos puesto manos a la obra.

–Mira, Marta, he cogido estas hojas y palitos de encina, que también recogisteis ayer sin querer. Nos pueden servir para hacerles la ropa o para un bastoncito –le ha dicho Matías.

–Muy bien. Buena idea. Yo además he bajado las pinturas y los pinceles para darles algo de color.

Hemos acabado de barro hasta las orejas, pero ha sido muy divertido. El barro es muy fácil de moldear, y con un poco de gracia se puede construir de todo. Marta ha hecho un hada poniéndole un par de alas con dos trozos de cartulina. Incluso tenía sombrero, y con las hojas le ha hecho una faldita. Yo he hecho un gnomo, con su gran nariz y sus peludos pies hechos con un poco de pelo de *Chusky*. Y Matías ha hecho, no sé cómo llamarlo..., ¡ah, sí!, ha hecho un troll, un horrible y feo troll que le ha quedado chulísimo.

–¡Qué bonita es tu hada, Marta! Cuando se seque la ponemos en la estantería del comedor.

–Pues claro, mamá. Gracias.

–Y tú, Carlitos, ¿qué has hecho?

–Adivina.

–A mí me parece un gnomo. Muy chulo con su bastón de madera y ese taparrabos de hojas. Muy original. Si quieres también lo ponemos en la estantería.

–Vale.

–Y bueno, Matías, a ver qué sorpresa nos tienes preparada tú.

–Aquí lo tenéis.

–Ostras, Matías, qué... ¿bonito? Vaya, es un... muñeco precioso. Pero no acabo de adivinar lo que es.

–¿Ah, no? Carlitos, Marta, ¿qué creéis que es?

–A mí me recuerda a un ogro, con esos ojos de malo que le has hecho y tanto pelo por todas partes –opina Marta.

–Pues yo creo que es un troll. Fijaos, si incluso va masticando un tronco con su gran boca –he dicho yo.

–¿¿¿Qué??? No me lo puedo creer. ¿Cómo que un troll? ¿Por qué un ogro? Es que no lo veis. Venga, haced el favor, fijaos un poco. ¿No os dice nada la cola?

–Pues no sé, Matías. Lo que tú dices que es la cola yo creía que era una pata –le ha dicho mamá.

–¿Una pata? Si yo creía que eran babas de esas que les caen a los trolls –he comentado yo.

–Pero ¿estáis ciegos o qué? ¡Es *Chusky*!

Y entonces han empezado las carcajadas. Al principio disimulando, intentando que Matías no se ofendiera, pero como él ha empezado a reír también, nos hemos dejado llevar. Tal ha sido el escándalo que hemos montado que papá, que estaba acabando de regar las plantas, se ha acercado a ver qué pasaba. Sin saber por qué nos reíamos, ha empezado a reír también, eso que pasa a veces, que la risa se contagia.

–Pero ¿qué os pasa? –ha preguntado sin poder parar de reír.

–Nada, ¡ja, ja, ja!... –he podido contestar.

–Y tú, papá, ¡ja, ja, ja!, ¿de qué te ríes? –le ha preguntado mamá.

–No lo sé. Me río porque vosotros os reís, ¡ja, ja, ja!

Cuando le hemos contado de qué nos reíamos, ha sido brutal. Nada más oír "*Chusky*" se ha desplomado en el suelo gritando de risa. Qué fuerte, creo que nunca nos habíamos reído tanto en nuestra vida. Incluso ahora que ya estoy en la cama siento en la barriga una especie de agujetas tremendas.

Hazlo tú
MOLDEA TU FANTASÍA

Esto es lo que necesitas:

- Arcilla, barro o incluso plastilina.
- Hojas, palitos, cáscaras y cualquier cosa que te encuentres.

¿Cómo lo harías?

Trabajar con barro es fácil y agradable, no te cortes. Además, si usas decoración natural, el resultado final seguro que es bonito y barato. Lo que hagas da igual. Sólo te hago una recomendación: si empiezas haciendo cosas raras, mejor. Por ejemplo, hacer seres fantásticos o monstruos es mucho más fácil que hacer personas, al fin y al cabo ¿quién te puede decir que tu troll no es un troll? ¿ Acaso tienes un troll auténtico en tu casa para poder compararlo? Un par de trucos: si tu figura tiene extremidades es mejor sujetarlas con un palito interior, evitará que se desprendan; las grietas que salen al secarse se pueden tapar con cola blanca.

Martes 23 de noviembre

Yo no sé de dónde la había sacado, por lo menos era de su bisabuelo. Estaba rayada, un poco oxidada y muy abollada, pero el interior estaba intacto y funcionaba perfectamente. Cuando la vio el profesor, se quedó muy sorprendido y le dijo a Matías que la guardara en su casa, que sería una pena que se rompiese.

Matías, por supuesto, no le hizo caso y se iba a todas partes con ella. Cada vez que íbamos a algún sitio se ponía el primero y hacía de guía.

–Y ahora doscientos pasos al Sur-Suroeste –Matías, en plan gran capitán.
–Sí, Matías, pero por el paso de cebra –yo ya me lo tomaba con paciencia.
–Atención, cambio de rumbo, hacia el Norte. Pronto llegaremos al parque.
–Hacia el sur, Matías, que la estás viendo al revés. ¿O es que no te acuerdas de dónde está el parque?

Lo peor era que no sabía del todo bien cómo funcionaba y por supuesto iba metiendo la pata continuamente. Una vez en el parque, al cual hemos llegado sin hacer caso de la BRÚJULA, nos hemos sentado y he intentado explicarle cómo funciona.

–Matías, tú sabes que la Tierra, que es redondeada, gira sobre sí misma... –y me ha interrumpido.

–¿Redonda?

–Matías...

–Era broma.

–Bueno, ¿por dónde iba? El caso es que gira como si estuviera atravesada por un gran "palo". Pues bueno, ese "palo" entraría por un lado y saldría por otro, llamándose uno Polo Sur y otro Norte.

–Eso ya lo sabía yo.

–Bueno, pues la aguja de la brújula siempre está en posición Norte-Sur, siendo el extremo coloreado el que apunta al Norte. Dame la brújula.

En el suelo, o en una superficie lisa y quieta, es donde mejor se puede ver dónde está el Norte. Eso sí, hay que alejarse de aparatos eléctricos y cosas así, porque su sensibilidad es tan grande que se puede mover sin querer.

–Muy bien, el Norte está allí. ¿Qué más?

–Giras la brújula hasta que el Norte de la brújula coincida con la aguja pintada. Así. De esta manera tienes ya situados el Sur, el Este y el Oeste. Venga, vamos a hacer una prueba, yo escondo mis llaves y te digo dónde están con la brújula y tú las intentas buscar. A ver qué pasa. Cierra los ojos.

Me he ido veinte pasos al Norte, después treinta al Oeste, luego treinta al Sur, treinta más al Este y por último diez al Norte. Se lo he escrito en un papel y se lo he dado.

–Tu turno, Matías.
–Vamos allá. Te voy a sorprender.

Él no se ha dado cuenta, pero las llaves las he escondido justo al lado de donde él estaba. La ruta que he hecho daba la vuelta para volver al principio.

–¿Qué?, ¿las encuentras? –le he dicho picándole.
–Tienen que estar por aquí.
–Frío, frío...
–No pueden estar muy lejos.
–Muy, muy frío.
–Tranquilo, que si están por aquí las encontraré.

Pero, claro, no las ha encontrado, y justo antes de que tirara la brújula a la basura le he dicho dónde estaban.

Hazlo tú
LA BRÚJULA LOCA

Esto es lo que necesitas:

- Una brújula.
- Papel y boli.

¿Cómo lo harías?

Es muy divertido jugar a esconder cosas y encontrarlas con la brújula. Ahora bien, anota bien las direcciones y las distancias, que no te pase como a Matías. Así, jugando, es la mejor manera de aprender a usar la brújula.

Cuando ya sepas usarla verás que en el campo es muy útil. Con ella y un buen mapa nunca te perderás. Al fin y al cabo, antes de que se inventara el GPS todo el mundo se fiaba de una buena brújula. Con ella se han descubierto selvas, se han coronado montañas y se han encontrado tesoros. ¿Qué, te animas a usarla?

–Pero eso es trampa.
–No lo es, ven. Cuenta conmigo los veinte pasos al Norte. Así. Ahora los treinta al Oeste... –y así hasta el lugar.
–¡Ostras, tenías razón! Ahora escondo yo algo. Mi gorra. Dame la brújula y cierra los ojos.

Cuando Matías ha escondido la gorra eran las siete de la tarde. Bueno, pues a las nueve y media nos hemos ido a casa sin haberla encontrado. Y eso que el parque es pequeño y la gorra es roja, pero Matías es así... Bueno, ya sé qué regalarle en su próximo cumpleaños.

Viernes 26 de noviembre

–Cuidado. ¡Aparta! Como me la tires al suelo... –ha dicho Marta.
–Tranquila, hermana, no hace falta ponerse así.
–Lo siento, perdona, pero es que si tropiezo se caerán las ESPORAS y no podré hacer la "RADIOGRAFÍA".
–Radiografiar, ¿qué?
–Bueno, no es una radiografía, pero lo llamamos así para entendernos. Realmente pretendo hacer una especie de fotocopia de la forma de la seta. ¿Me ayudas?

–Por supuesto. Quiero saber cuál es tu última locura.
–Muy bien, sígueme...

La historia era que las setas, debajo del sombrerillo, tienen las esporas, que son como minúsculas semillas, dispuestas a ir cayendo según van madurando. Lo que pretendía Marta era conseguir que cayeran en una cartulina tal y como están ordenadas en el sombrerillo.

–Mira, primero ponemos laca del pelo en la cartulina, bien impregnada, luego colocamos la seta con el pie cortado sobre ella, con mucho cuidado. Así, muy bien. Y por último la cubrimos con este plato hondo, para que ninguna corriente de aire emborrone el resultado final. Ya está, ahora vamos a merendar, que esto necesita un par de horas.
–Oye, Marta, ¿esto se puede hacer con todas las setas?
–Se puede hacer con todas, pero si el sombrerillo no es de láminas, sólo te sale un borrón.
–¿Y qué se supone que sale si es de láminas?
–Bueno, ¿te acuerdas de cómo son las rodajas de piña en almíbar? Pues algo parecido.

Después de merendar hemos vuelto a subir a su habitación. Las ventanas y puertas cerradas, prohibido toser o estornudar, y por supuesto nada de golpes ni de movimientos bruscos. Ésas eran las órdenes.

–¿Tú crees que ya estará? –le he preguntado.
–Yo creo que sí. Así que ya sabes, cuando levante el plato no puedes ni respirar.
–De acuerdo.

¡Sí señora, ha quedado muy bien! ¡Qué pulso! Increíble. Ha levantado el plato y el sombrerillo con la seguridad de un cirujano. Después, aún sin respirar, ha cogido la laca y ha pulverizado la muestra desde un metro de altura.

–Estupendo, ya puedes respirar, Carlitos.
–Menos mal... ya no aguantaba más. ¿Qué tal ha quedado?
–Compruébalo tú mismo. Compara el dibujo de las esporas con la parte de debajo del sombrerillo. ¿Qué?, ¿se parecen?
–Tenías razón, parece como si fuera una radiografía de la seta. Te ha quedado muy bien, Marta.
–Le voy a poner un poco más de laca y ya está.

Otra cosa más que he aprendido. Algún día debería escribir todas estas cosas curiosas que voy conociendo. A lo mejor mañana empiezo a escribir un libro...

Hazlo tú
HUELLAS DE SETAS

Esto es lo que necesitas:

- Una seta con láminas en la parte inferior del sombrerillo.
- Una cartulina, negra mejor.
- Laca o fijador para el pelo en *spray*.

¿Cómo lo harías?

Cogemos una seta tierna y le cortamos el pie. Luego la depositamos con sumo cuidado sobre la cartulina, que previamente hemos rociado con laca. La cubrimos con un plato y lo dejamos reposar, a resguardo de corrientes de aire, durante un par de horas. Pasado ese tiempo, retiramos el plato y el sombrerillo con mucho cuidado y volvemos a pulverizarlo, desde un metro de altura, con abundante laca. Y ya está, ponle un marco con cristal y cuélgala, ¿por qué no?

Domingo 28 de noviembre

Este fin de semana mis padres se han ido a la casita de unos amigos suyos. El motivo: escuchar por la noche la BERREA del CIERVO. Parece ser que los machos de esta especie, para atraer a las hembras y formar una familia, se pasean por los campos emitiendo unos berridos espectaculares. De esta manera se dan a conocer, aunque a veces el berrido lo oye otro macho y entonces luchan para demostrar quién es el más fuerte.

Cuando han vuelto a casa, cansadísimos de no haber dormido apenas, nos lo han contado todo.

–El año que viene iremos todos juntos. Os hubiera encantado –nos ha dicho papá.

–Ha sido increíble. ¡Qué brutos, qué berridos! A veces daba miedo, sobre todo cuando veías alguno cerca. ¡Qué cuernos! –mamá había alucinado.

–Pues qué bien... –Marta y yo estábamos un poco enfadados.

–Venga, no seáis así. Sabéis que la casita es pequeña. Los demás tampoco han llevado a sus hijos. Además, vuestro padre y vuestra madre también tienen derecho a salir de vez en cuando, que ya sois mayorcitos –mamá, reivindicando sus derechos.

–Hemos visto casitas que se pueden alquilar. Lo dicho, al año que viene nos vamos los cuatro –nos intentaba consolar papá.

–Querrás decir los cinco –se había olvidado de *Chusky,* el pobre *Chusky*.

–Tienes razón, los cinco. De todas maneras, y para que veáis que nos hemos acordado de vosotros, os hemos traído un par de recuerdos.

–Pero como estáis enfadados..., me imagino que no los querréis –ha dicho mamá con mucha picardía.

–¡REGALOS! –hemos dicho a coro.

–¡Anda!, parece que a alguien se le ha pasado el enfado –la estrategia de mamá había dado resultado.

–Bueno, a Marta le hemos traído un regalo sonoro y a Carlitos un regalo punzante. ¿A que no adivináis qué son?

–Venga, menos juegos y dadnos ya los regalos –ya me estaba cansando de tanto jueguecito.

–Está bien. Toma, Marta, te hemos grabado el sonido de los ciervos, lo que se llama BERREA. Aquí tienes el CD. Se pueden oír varios machos, un par de hembras y un cervatillo que debía de estar aterrado por el estruendo de sus congéneres –le ha dicho papá.

–Muchas gracias. Luego lo escuchamos –ha contestado Marta agradecida.

Hazlo tú
MENUDA CORNAMENTA

Esto es lo que necesitas:

- El cuerno de algún herbívoro.
- Insecticida y barniz.

¿Cómo lo harías?

Es dificilísimo encontrarse una cornamenta de un ciervo o de cualquier herbívoro, pero puedes tener la suerte de encontrarte una. Si es así, lo único que debes hacer es fumigarla un poco para defenderla del ataque de los insectos y si acaso barnizarla otro poco para que se vea más brillante. Por lo demás son tan chulas que donde la pongas quedará bonita.

–Y para Carlitos, directamente desde el bosque, ¡TACHÁN!, un precioso cuerno con seis puntas –y mamá ha sacado un enorme cuerno que llevaba dentro de una maleta.
–¿Para mí? ¡Qué chulo! Seis puntas, eso quiere decir que el macho que lo llevaba el año pasado era grandísimo –casi se me cae la baba al ver el impresionante cuerno.
–En efecto, es ya raro ver cuernos con tantas puntas, ya que son los preferidos de los cazadores. Cada año al ciervo se le caen los cuernos y cuando le vuelven a crecer le salen con una punta más –ha comentado mamá.

Lo tengo encima de la estantería y llama la atención. Aunque no quieras verlo, los ojos son atraídos por su belleza. No me puedo imaginar al pedazo de ciervo que llevaba eso en la cabeza. Mi padre me ha aconsejado que le ponga insecticida y que luego lo barnice, así que mañana por la mañana ya tengo trabajo.

Lunes 29 de noviembre

–Mira qué piña más rara, es igual que esta otra, pero como si le hubieran arrancado partes –le he dicho a mi madre cuando he llegado a casa.

–¿Dónde la has encontrado? –me ha preguntado mamá.
–Debajo de los pinos, cerca de casa de Matías.
–¿No me digas? Eso quiere decir que han vuelto... Se lo tengo que decir a tu padre.
–¡¿Quién ha vuelto? ¿Qué le tienes que decir a papá?!
–Las ardillas, han vuelto las ardillas.
–¿Ardillas aquí? Pero si yo nunca las he visto.
–Normal. Hace unos diez años se sucedieron una serie de incendios que hicieron que el bosque, que antes llegaba hasta aquí, se quedara partido en dos, separado por una frontera de cenizas. Las ardillas, que antes incluso se colaban en las casas, se quedaron a vivir en el otro lado, mucho más grande y frondoso. Pero, claro, las repoblaciones que se han hecho todos estos años, en alguna de las cuales tú has participado con el cole, han crecido lo suficiente como para volver a unir los dos trozos de bosque. De esta manera las ardillas, que raramente van por el suelo, han vuelto a llegar hasta aquí, y eso es lo que le quiero contar a tu padre. Ven, vamos a decírselo, cogemos la cámara y a ver si tenemos suerte.

Al ver la piña, papá ha comentado que las ardillas no son los únicos animales que pueden hacer eso. También las pelan, para comerse los piñones, los RATONES DE CAMPO y los PIQUITUERTOS.

–¿Qué son los piquituertos? –he preguntado.
–Son unos pájaros un poco más grandes que un gorrión, de color rojo anaranjado los machos y verde amarillento las hembras, que tienen como característica personal un pico tuerto que usan para abrir las piñas. Aunque creo que esta piña no puede ser de ellos porque suelen dejarlas abiertas, como rotas, no peladas –me ha explicado papá.
–Entonces, o son ratones de campo o ardillas.
–Correcto.

Cuando hemos llegado a la pinada donde me he encontrado la piña, no se veía ni rastro de ardillas o ratones.

–¿Y ahora qué hacemos? –yo estaba inquieto por ver una ARDILLA.
–Pues vamos a seguir caminando, en silencio y mirando los árboles. A ver si hay suerte –ha dicho mamá.

Cuando empezaba a quedarme agarrotado de tanto mirar hacia arriba, ha aparecido una simpática ardilla. Estaba en uno de los pinos más grandes, allá arriba, en la última rama. Al vernos, en un segundo ha dado un salto increíble y se ha pasado a otro árbol. De ése, y descendiendo un poco por el tronco con una facilidad pasmosa, ha

Buenas ideas...

Para que las piñas se conserven bien lo único que debes hacer es mantenerlas secas y alejadas de los insectos. Quedarían genial dentro de una caja expositor (aprende cómo hacerla en la página 159). A las piñas, y en general a todos los objetos naturales que guardes, vale la pena echarles de vez en cuando un poco de insecticida.

saltado a otro árbol, luego a otro y la hemos perdido de vista. Ha sido breve, pero intenso.

–Cuando le cuente a Matías que al lado de su casa hay ardillas no me va a creer. Tendré que traerlo y demostrárselo. Se va a quedar flipado.

Miércoles 1 de diciembre

–Venid, hoy me han dicho cómo fabricar un atrapasueños. Tomad, he cogido ramas de sobra. ¿Os apetece?

A Marta le gustaban tanto como a mí las manualidades. Y como yo, si tenían que ver con objetos de la naturaleza, mejor. Así que Matías y yo, que estábamos a punto de terminar los deberes del cole, le hemos dicho que nos esperara.

Cuando hemos terminado hemos ido a buscarla.

–A ver ¿qué era eso de un atrapasueños? –ha preguntado Matías.

–Algunas culturas de América del Norte, como los indios, los fabricaban para que por las noches les protegieran de los malos espíritus. Se supone que impiden que tengas malos sueños y así puedas dormir mejor –nos ha explicado.

–Muy bien, yo quiero uno, que ya tengo pesadillas por culpa de las notas –ha dicho Matías.

–Yo también quiero uno.

–Primero quitamos las hojas y las ramitas para dejar la rama limpia. Después enrollamos las ramas en, por ejemplo, esas macetas, para que se queden circulares, y las atamos. ¿De acuerdo?

–Sí –hemos dicho a coro.

Pero, claro, como siempre, es más fácil decirlo que hacerlo. Mi primera rama se ha roto y la de Matías se le ha escapado y le ha pegado un latigazo en la cara que flipas.

La cosa no empezaba bien. Pero bueno, paciencia. La segunda rama la he podido doblar alrededor de la maceta sin romperla, y Matías también, aunque circulares del todo no han quedado.

–Ahora con las cuerdas tejemos una especie de telaraña en el interior. Así –y sus manos han empezado a trabajar con tal facilidad que no nos ha permitido seguir cómo lo hacía.
–¡Eh!, despacio, que no me entero –ha dicho Matías.
–No te preocupes, la forma da igual, lo importante es que parezca una red, no que lo sea. Como si haces radios como los de las ruedas de la bici –nos ha explicado.

Y así lo hemos hecho, sólo que parecían ruedas de una bici que se había caído por un barranco. Pero bueno, como nos ha dicho Marta, lo que tiene que parecer es que te puedes quedar liado en ella.

–Muy bien, habéis entendido lo que quería decir. Ahora para terminar le atamos unas cuantas plumas debajo y ya está. ¿Qué os parece?
–Sinceramente, el tuyo tiene toda la pinta de quitarte las pesadillas. Pero los nuestros yo creo que las provocarán de lo feos que son –la sinceridad de Matías a veces duele.

Hazlo tú
ATRAPASUEÑOS

Esto es lo que necesitas:

- Ramas finas y tiernas de por lo menos un metro de largo.
- Lanas o cuerdas.
- Plumas.

¿Cómo lo harías?

Aprovechando que la rama está tierna, la doblamos alrededor, por ejemplo, de una cacerola y atamos sus extremos para conseguir un círculo lo más perfecto posible. A continuación, con las lanas o las cuerdas, tejemos una telaraña o una red en su interior. Las plumas las puedes poner atadas alrededor como decoración.

El lugar perfecto para que sea verdaderamente efectivo es el cabecero de la cama. Buenas noches y buenos sueños.

–Tonto, un atrapasueños nunca puede ser malo. Lo has hecho con esfuerzo y cariño, y eso es lo que cuenta. Si es útil no es por su aspecto, sino por la energía acumulada en él al hacerlo con tus propias manos –ha dicho Marta.

Y con esas palabras tan bonitas nos ha convencido. De hecho, lo tengo colgado en el cabecero y me dispongo a probarlo ahora mismo. Buenas noches.

Sábado 4 de diciembre

–¿Está Matías?
–No, hijo, creo que se ha ido a la pinada –me ha dicho su padre.
–Gracias. Hasta luego.

Qué raro, pensaba mientras me adentraba en la pinada. Habíamos quedado. Y Matías cuando queda con alguien, lo hace de verdad. ¡Matías! A ver si me oye, que no le veo. ¡Matías! ¿Dónde estás? No te veo. Aunque he notado algo, una presencia, unos ojos que me miraban de tal manera que los pelos de la nuca se me han erizado. Y de repente me han atacado. Sólo me ha dado tiempo a verlo de reojo, como una sombra terrorífica, casi monstruosa. Después, el impacto de su cuerpo, pesado, tosco, y los dos al suelo. Entonces me he defendido y con mucha suerte me he girado y le he propinado un buen mamporro a mi brutal agresor.

–Ostras, Carlitos, ¡qué daño!
–Pero, Matías, ¿estás loco? –le he dicho realmente enfadado.
–¿Qué?, ¿no me has visto?
–No, no te he visto. Y no me ha hecho gracia, me has dado un susto de muerte.

–Sí, sí, pero no me has visto, ¿no?
–¿Por qué insistes en que no te he visto?
–Porque no me has visto, ¿verdad?
–Si lo vuelves a repetir me largo. Te recuerdo que habíamos quedado. He pasado a por ti y no estabas.
–Vale, vale, no te enfades. Si no me has visto...
–¡Matías!, hasta luego.
–No, espera, lo que quiero decir es que he construido un *jai.*
–Pero ¿qué dices?
–Sí, hombre, un *jai,* un sitio de esos donde esconderse y poder ver a los animales sin que ellos te vean a ti.
–¡Un *HIDE* !, animal, se llama *hide,* del inglés, y significa "esconder".
–Pues eso, un *jai,* lo que yo decía. Y parece que lo he hecho bien, porque el gran científico conocido mundialmente, el doctor Carlitos, no me ha visto.
–Muy gracioso. Pero tienes razón, no te he visto. ¿Dónde está?
–Aquí, ven, detrás de mí.

La verdad es que Matías cuando quiere, cuando se pone, hace lo que se propone. Con dos ramas secas apoyadas en una roca, una camiseta verde y unas cuantas hojas se ha montado un *hide* perfecto. Y además cómodo, ya que se podía estar sentado.

–¿Qué te parece? –me ha preguntado.
–La verdad es que está fantástico.
–Hasta te puedes sentar, aunque yo llevo aquí una hora y tengo dolorido el trasero. Mañana me traigo un cojín.
–¿Que llevas aquí una hora? ¿Por qué?
–Quería ver las ardillas. Desde que me lo dijiste no paro de pensar en ellas. Incluso ayer soñé que una entraba por la ventana de mi habitación y que saltaba a la almohada para decirme algo al oído.
–Si quieres nos quedamos un rato más a ver si vemos alguna.
–Vale.

Una hora hemos durado, era verdad lo de los cojines. ¡Qué daño! Y total, para no ver ninguna ardilla. Pero para que veas, justo cuando pensábamos irnos, de hecho, a mí me ha sorprendido de pie, ha venido una distraída, se diría que estaba dando un paseo o jugando. Ha saltado justo al pino que teníamos enfrente, ha cogido una piña y se ha tirado media hora comiéndosela. Yo ya no podía aguantar más y Matías tampoco. Menos mal que se ha ido por sí misma, no queríamos que se asustase y no volviese por allí.

–Muy bueno el *hide*, Matías, pero tenías toda la razón, hay que traer cojines...

Hazlo tú
EL HIDE

Esto es lo que necesitas:

- Telas verdes.
- Ramas, hojas y troncos.

¿Cómo lo harías?

Esconderse para poder ver animales es muy buena idea. Puedes hacerlo con cualquier cosa. Por ejemplo, que van a tirar unas sábanas viejas, pues las coges, las pintas a manchas verdes y ya está. O también, si te encuentras ramas podadas, las amontonas en plan cabaña india y punto. Después, lo único que necesitas es mucho silencio y mucha paciencia.

Desde él se pueden hacer unas fotos chulísimas, con unos primeros planos de profesional. Pruébalo y verás. Y si no tienes suerte intenta cambiar de sitio o poner algo de comida. Con los pájaros va muy bien el pan duro, a trocitos; con las ardillas los frutos secos; y en general las frutas, como la manzana, son muy codiciadas por casi todos los animales.

Miércoles 8 de diciembre

–¡Carlitos! ¿Puedes bajar un momento?

–Ahora bajo, mamá, estoy acabando los deberes.

–Vale cariño, cuando acabes baja porque papá y yo queremos hablar contigo.

¿Qué habrá pasado? Ésa es la pregunta que me he hecho al saber que querían hablar los dos conmigo. Normalmente esto sólo ocurre cuando hay algún problema.

–Ya estoy aquí. ¿Qué queríais?

–Pues nada, Carlitos, que tienes que poner un poco de orden en tu habitación. A nosotros sabes que nos encanta que tengas una buena colección de objetos naturales; además, sabemos que para ti son cosas importantes, pero no puedes tenerlo todo así medio tirado y amontonado en las estanterías.

–¿Y qué queréis que haga? Mi habitación es pequeña –un intento de excusa.

–Lo único que tienes que hacer es ordenarlo todo un poco.

–Eso es fácil de decir –un intento de queja.

–Y fácil de hacer. Lo que tienes que hacer es elegir qué objetos te parecen más interesantes y ponerlos en la estantería. El resto, bien clasificado, lo guardas en cajas, por ejemplo debajo de la cama.
–¿Y de dónde saco las cajas? –intento de escaqueo.
–Pues mira, aquí tienes unas cuantas que te hemos conseguido nosotros. Éstas para almacenar y éstas para que hagas expositores.
–¿Para que haga qué?
–Expositores. Es mucho más cómodo. Se pueden ver, no se llenan de polvo tus cosas y son fáciles de limpiar.
–¿Cómo se hacen? –esa era una buena idea.
–Sabíamos que la idea te iba a gustar. Es muy sencillo. Eliges una caja de cartón, en principio te sirve cualquiera. Le recortas a la tapa un cuadrado bastante grande a modo de ventana y lo cubres con un plástico transparente. Luego adornas o pintas la caja y te queda bonito y ordenado.
–Me parece buena idea. Me voy a poner enseguida.

Y la idea me parecía buena, al menos hasta descubrir la cantidad de cosas que he ido almacenando sin darme cuenta. ¡Menudo curro me esperaba! Fósiles, rocas, minerales, plantas secas, frutos raros, flores, plumas, cráneos y un largo etcétera ocupan mi estantería. Lo más difícil ha sido decidir cuáles se iban debajo de la cama y cuáles se iban a los expositores.

–Vamos a ver, un expositor para las rocas y los minerales, otro para las plumas y los cráneos, otro más para las flores secas, que son muy delicadas, y por lo menos otro más para los frutos. Eso hace cuatro expositores. Mira, la caja de camisas de papá viene muy bien para los frutos. La de pizza para las plumas y cráneos. Y esas dos que son de zapatos, más resistentes, para la cosas pesadas –a veces cuando estoy solo hablo en voz alta.

Dos horas he tardado simplemente en clasificar las cosas. Ha habido un momento que tenía tal desorden en la habitación que Marta ha pasado por la puerta y se creía que me iba a cambiar de habitación con ella y ¡se ha llevado un susto!

Total, casi cuatro horas después he terminado y, aunque agotado, el resultado ha valido la pena. Todo ordenado en sus cajas, con sus etiquetas, fechas, lugares, nombres y todo eso. Así la verdad es que queda mejor, se puede ver todo perfectamente y se conserva mejor. Y si hay que limpiar el polvo, se levantan cuatro cajas y no cien objetos.

Hazlo tú
LA EXPOSICAJA

Esto es lo que necesitas:

- Cajas de cartón.
- Plástico transparente, como el acetato.
- Papel para forrar o pinturas, tijeras y pegamento.

¿Cómo lo harías?

Recortamos un cuadrado en la tapa de la caja, cuanto más grande mejor. Cortamos el acetato de manera que encaje en el interior de la tapa y lo pegamos con pegamento.

Forramos la caja o la pintamos. Por último, puede quedar bonito forrar el fondo de la caja con una tela o papel para que resalten los objetos. Lo que se quiera exponer se puede simplemente dejar en la caja o, si lo prefieres, pegar o coser al fondo, para que no se mueva. Recuerda que siempre es interesante poner una etiqueta debajo de cada muestra especificando su nombre, el lugar donde se encontró y quién la encontró.

Sólo me queda pintar las cajas o forrarlas con algún papel bonito. Pero eso será mañana, que hoy ya estoy cansado de la colección.

Viernes 10 de diciembre

Hoy no hemos tenido cole, era fiesta; no sé por qué, pero era fiesta. Así que como lo sabíamos con antelación hemos aprovechado para acompañar al padre de Matías, que tenía que hacer no sé qué en un pueblo que tenía un río precioso.

–Está bien, yo os dejo que os quedéis en el río durante un par de horas. Con dos condiciones: la primera es que tengáis el móvil encendido por si pasa algo y la segunda es que os quedéis en este tramo del río, más arriba es muy escarpado y más abajo hay una cascada. No hagáis tonterías.
–¿No habías dicho dos condiciones? Pues lo del móvil, que nos quedemos aquí y lo de las tonterías suman tres –Matías, a punto de arruinar nuestra mañana en el río.
–Como sabes que no os puedo llevar conmigo a la reunión, ¡eh, listillo!
–En efecto, papi. Hasta luego y no te preocupes.

¡Qué pedazo de río! El agua era transparente y fría, la vegetación cubría el suelo y se respiraba un aire fresco que limpiaba los pulmones con tan sólo dos bocanadas. Hemos investigado, pero debido al frío no había casi animales. Los insectos habían desaparecido, los pájaros habían migrado y los mamíferos estaban hibernando. No se veían ranas ni peces, y todo era paz y tranquilidad. Es el otoño, una temporada de preparativos.

–¿Has probado el agua? –me ha dicho Matías moviendo las manos exageradamente.

–Sí, tío, y se me ha quedado la mano congelada. Te imaginas caerse al agua –le he comentado.

–Me da frío sólo de pensarlo. Quita. No me lo vuelvas a decir. Tendría que haber cogido la chaqueta –y se ha puesto a tiritar.

–Oye, ¿tú llevabas el móvil en una funda de plástico de color azul y con una cremallera?

–Sí, y además la cremallera es impermeable.

–Lo sé –le he dicho mientras me levantaba.

–¿Cómo lo sabes? –me ha preguntado con curiosidad.

–Porque flota.

–¿Cómo que flota? ¡Madre mía!, mi móvil. ¡Corre!, ayúdame a cogerlo.

Pero no hemos podido, por lo menos a la primera, ya que el río, aunque pareciera que no, iba a una gran velocidad. Por el margen, saltando plantas y rocas no lo hemos podido alcanzar. Menos mal que más adelante había un remanso y con la ayuda de un palo lo hemos recuperado.

–Nunca hubiera pensado que el agua bajara tan rápido–he dicho sorprendido.
–Ya te digo. ¿A qué velocidad crees que iba? –me ha preguntado Matías.
–Pues no lo sé. ¿Tu móvil tiene cronómetro?
–Sí, ¿por qué?
–Porque vamos a medirla.
–¿Cómo?
–Muy sencillo, Matías. Primero medimos una distancia entre dos puntos bien visibles. Por ejemplo, la rama de ese árbol y aquella roca. Y después soltamos algo que flote y controlamos el tiempo que tarda en llegar desde un punto hasta el otro. Se divide el espacio por el tiempo y tenemos la VELOCIDAD –lo había leído en algún sitio pero no recordaba dónde.
–Muy bien. ¿Qué te parece este trozo de corteza?
–Estupendo. Vamos allá.

Entre la rama del árbol y la roca había 117 pies de Matías, y lo hemos medido en pies porque no teníamos metro. Tampoco pasaba nada, una vez en casa se mide el zapato de Matías y se multiplica por 117. Por cierto, no me había dado cuenta, pero los pies de Matías son enormes. Bueno, a lo que iba. Una vez elegido el "barquito" nos hemos puesto uno en cada extremo y lo he soltado con un grito, con el que Matías tenía que encender el cronómetro. Y al final hemos anotado que había tardado casi cinco segundos, exactamente 4,9.

–¿Te parece rápido? –me ha preguntado Matías.

–Pues no lo sé. Aquí no lo puedo calcular, pero podemos compararlo.

–¿Cómo?

–Fácil. Medimos la misma distancia en esa parte que es lisa y medimos el tiempo que tardamos tú y yo en recorrerla.

Yo no sé si son sus grandes pies o qué, pero Matías no corre, vuela. Con todo mi esfuerzo he tardado 4,5 segundos. Y él me ha dejado pasmado haciendo el recorrido en 3,9 segundos. Pero, claro, la velocidad sin control es muy peligrosa y Matías casi se cae al agua al no poder frenar.

Hazlo tú
EL RÍO VELOZ

Esto es lo que necesitas:

- Un río y algo que flote.
- Un cronómetro.
- Un metro o, en su defecto, una buena zapatilla.

¿Cómo lo harías?

Muy sencillo, como has podido leer antes, el procedimiento es muy fácil. El único problema es hacer los cálculos. Te los explico con los datos de la carrera de Matías. Si su zapatilla mide 25 cm y han contado 117 pasos, multiplicamos 25 x 117, que da como resultado 2.925 cm, que equivalen a 29,25 metros. Este número lo dividimos por el tiempo usado, que ha sido de 4,9 segundos, siendo el resultado de 5,96 metros por segundo. Para pasarlo a kilómetros por hora sólo hay que multiplicar por 3,6 y nos da como resultado final una velocidad de 21 km/h. ¿Te parece poco? Prueba primero antes de contestar.

Cuando su padre nos ha recogido esperaba que uno de nosotros o los dos estuviéramos mojados hasta los huesos, pero no ha sido así. Por una vez, el final no ha sido el esperado. ¿O qué se creen?, ¿que Matías y yo siempre andamos haciendo locuras?

Domingo 12 de diciembre

En verano, la playa es una delicia, gente, calor, juegos y todo eso. Pero en otoño también es atractiva. El frío hace que no haya casi nadie y entonces te das más cuenta de que detrás está el mar. Y digo esto porque la mayoría de las personas no son conscientes de que tras la arena hay una inmensa cantidad de agua, tan poderosa que si lo piensas un momento te entra incluso un poco de miedo.

Esta mañana mis padres tenían que ir a visitar a un amigo que vive en un pueblo de la costa y para que no nos aburriésemos con las cosas de mayores, nos han dejado a Marta, a *Chusky* y a mí en la playa jugando. Hacía un poco de frío y por supuesto no nos hemos bañado, pero hemos dado un gran paseo por la orilla y nos hemos encontrado de todo: conchas, algas, peces varados, un remo y un trozo de red. Aunque también una botella, varios plásticos, dos latas y un pañal.

–Desde luego, la gente es bastante descuidada. ¿Cómo pueden tirar estas cosas al mar? –he comentado algo irritado.

–Ya ves, se creen que como es muy grande se lo traga todo. Pero no es así. El mar está en continuo movimiento, y lo que no se traga lo acaba devolviendo a la orilla.

–Mira esto por ejemplo, ¿qué es?
–¡Anda!, ¡qué chulo! –ha dicho Marta.
–¿Qué es?
–Un madero, un trozo de tronco moldeado por el mar. Mira qué formas más chulas.
–Ostras, es verdad, parece como si alguien lo hubiera hecho adrede. Tiene forma de cabeza, ¿no?
–Sí, estaba pensando lo mismo. Parece la cabeza de un elefante. Si hasta tiene las orejas y la trompa. ¡Qué curioso!
–Te recuerdo que lo he visto yo primero –le he mencionado.
–Tranquilo, todo para ti. Pero el siguiente es para mí –y Marta ha tenido suerte, ya que doscientos metros más adelante había otro como esperándonos.
–Mira, ya tienes uno para ti. Cógelo y le buscamos parecidos. A ver –le he dicho.
–¡Anda, qué raro! ¿A qué te recuerda? Es como si se pareciese a...
–¡Una tortuga! Se parece a una tortuga.
–Es verdad. Con su caparazón y todo. Mira, si parece que hasta tiene las cuatro patas –me ha confirmado Marta.

Al llegar a casa los hemos limpiado con agua y jabón y los hemos dejado secar. Marta me ha comentado que mañana, cuando estén secos, los barnizaremos. Ella dice

Hazlo tú
EL ESCULTOR DEL MAR

Esto es lo que necesitas:

- Un madero trabajado por el mar.
- Barniz y pincel.

¿Cómo lo harías?

Son espectaculares las formas que pueden llegar a tener. Eso sin contar la intriga de la historia y procedencia del madero. Para que no se estropee, lo mejor es un poco de insecticida y un poco de barniz. Si es muy grande se puede colgar de la pared, y si es muy pequeño lo puedes usar para sujetar libros.

También son decorativos muchos de los otros objetos traídos por el mar. Con una red se puede adornar una esquina, con un remo una pared y una boya es perfecta para hacer un colgante. Así que ya ves, tu habitación podría tener un aire marinero en un periquete. Y si lo que te encuentras es basura, tampoco cuesta nada meterla en una bolsa y depositarla en algún contenedor.

que el suyo lo atornillará a una madera para poder ponerlo de pie. Yo prefiero colgar el mío de la pared.

Martes 14 de diciembre

–¿Qué haces, mamá?

–Estoy girando las macetas 180 grados, o sea, media vuelta, para que no me crezcan sólo de un lado. El Sol pasa tan bajo en esta época del año que las pobres crecen hacia la ventana y me da miedo que se rompan porque el peso caiga sólo de un lado. Además, consigo que esté toda verde, ya que así la luz se reparte. Lo hago cada semana, ¿nunca me habías visto hacerlo?

–No, nunca me había dado cuenta.

–Muy bien, ven aquí. Hazle una señal a la maceta, así verás que dentro de una semana la planta se ha movido entera buscando el Sol.

–¿Me estás diciendo que las plantas se mueven?

–Pues claro que sí. ¿No te lo crees?

–Sé que se mueven los girasoles o las plantas carnívoras, pero no sabía que se podían mover todas.

–No es que se muevan enteras, pero sí que pueden mover sus hojas para dirigirlas hacia el Sol. Algunas plantas lo

hacen relativamente rápido, como los girasoles, y otras más lentamente. Mira, fíjate en ésta, se nota que primero ha crecido hacia aquí y luego hacia allí, ¿lo ves?
–¡Es verdad! ¡No lo sabía!

Ahora veo las plantas de una manera diferente, y le he contado a Matías lo sorprendido que me había quedado. Pero, claro, él no me ha creído.

–Tú has visto muchas películas, colega.
–Te lo digo en serio. Todas las plantas se mueven, unas más, otras menos, pero todas se mueven. Al menos las hojas.
–Sí, claro, y si les das un susto salen corriendo –los chistes de Matías son terroríficos.
–Mira, como sé que no me crees, vamos a hacer un experimento. ¿Ves esa maceta? ¿Te das cuenta de que todas las hojas están mirando al Sol?
–Sí –me ha contestado.
–Pues bien, hazle una marca para que veas que no te hago trampas y gírala del revés.

A pesar de habérselo jurado una y otra vez, de haber hecho el experimento y de haberle dicho que me lo había contado mi madre, Matías me seguía mirando con esa cara

Hazlo tú
PLANTAS QUE SE MUEVEN

Esto es lo que necesitas:

- Una planta que esté en una maceta.
- Un poco de paciencia.

¿Cómo lo harías?

Hay que escoger una planta que se vea que está creciendo más en una dirección que en otra. Entonces la giramos del revés, o sea, lo de delante detrás, no lo de arriba abajo, no seas bruto. En pocos días verás cómo las hojas, poco a poco, van girando sobre sí mismas, buscando de nuevo el Sol. Cuando haya transcurrido una semana observarás que vuelven a estar como al principio.

Por si quieres ir más allá, te voy a enseñar un truco. Pon un tronquito bonito, una piedra alargada o una simple caña estacada al lado de la planta, de manera que al girarla para que las hojas busquen la luz, se vayan enrollando alrededor de lo que hayas puesto. Verás que efecto tan chulo.

que pone la gente cuando cree que tiene razón. Esa cara entre chulería y sonrisa que tanto irrita... Yo, por otra parte, estaba tranquilo porque en una semana se daría cuenta de su error, pero ¿podría yo soportar esa sonrisita una semana entera?...

Jueves 16 de diciembre

El otoño es la época de los frutos secos. Almendras, nueces, avellanas y castañas son los más conocidas. Pero en los bosques también encontramos bellotas y HAYUCOS. Y son estos últimos, que yo no conocía, los que me ha traído un compañero de clase del pueblo de sus padres. Yo, evidentemente, se lo he agradecido, ya que era un fruto que iba a pasar a ampliar mi colección. Me ha dicho que el hayuco es el fruto del haya, ese árbol de hoja caduca tan bonito que crece más bien por el norte.

El fruto tiene una forma extraña, son como unas almendras pequeñas pero con tres cáscaras. Los osos se ponen morados en otoño, pues su gran poder energético les ayuda a pasar el invierno con reservas suficientes. Lo curioso es que tienen una piel externa con pinchos, que aunque no pinchen, les dan un aspecto terrorífico.

–Mira, Marta, me los ha traído un colega. Son del pueblo de sus padres.
–¡Anda, hayucos! Hacía mucho tiempo que no veía uno. ¿Qué vas a hacer con ellos?
–Pues uno lo iba a poner con mi colección de frutos secos y con otro voy a hacer un imán para la nevera.
–¿Te sobra alguno?
–Sí, claro. ¿Quieres alguno?
–Sí. Llevo tiempo buscando algo así para hacerme un colgante. El que me hice en verano con una concha, ¿te acuerdas?, se lo cargó *Chusky*.
–Buena idea, hermanita. Yo también quiero uno.
–Muy bien, pues vamos allá.

Pero se me ha ocurrido algo mejor.

–Marta, estaba pensando que también se podría hacer eso que se pone encima de las puertas y que hace ruido cuando se abre.
–¡Una campanilla, muy buena idea! Pero necesitamos algo que suene.
–Lo tengo todo pensado. El otro día papá estuvo cortando unos tubos de hierro y le sobraron unos trozos que yo me guardé no sé por qué. Mira, aquí los tengo.

Hazlo tú
LA CAMPANILLUCA

Esto es lo que necesitas:

- Unos frutos secos, sean hayucos o no.
- Alambre, un aro de metal de unos 10 o 15 cm.
- Un tubo de metal.
- Cuerdas o cordones.

¿Cómo lo harías?

Ata los hayucos con los cordones dejando 15 cm de cordón suelto. Ata también el tubo. Si es con alambre, fabrica un círculo, pero que le cruce una diagonal, y ata en su centro el tubo. Si lo que tienes es un aro, átale un cordón de manera que parta por la mitad el círculo y ata en su centro el tubo. Los hayucos los atas alrededor de manera que cuelguen a mitad de tubo pero sin tocarlo. Por último, ata otro hayuco con un cordón al final del tubo dejando que cuelgue unos centímetros. Cuando cuelgues la campanilla asegúrate de que sólo puede tocar la puerta el hayuco final.

–Me encanta. Sí, señor, es una idea excelente.

Un aro de metal donde atar los hayucos, en el centro del cual se pone el tubo y ya está. La verdad es que ha sido muy sencillo, y eso que además ha quedado muy chulo. Hemos hecho tres: uno para Marta, uno para mí y otro para la abuela. Los demás tendrán que esperar a que tenga más tubos.

El mío me lo he colgado en la puerta de mi habitación, de manera que si alguien entra lo oiré inmediatamente. No es exactamente una alarma pero sirve para avisarte.

Sábado 18 de diciembre

Mi abuela nos ha traído un saco de almendras enorme. Unos amigos suyos tienen un pequeño terreno y todos los años le regalan a ella un montón. A mí me encantan, sobre todo cuando ya están partidas.

–Carlitos, ya sabes lo que nos toca hoy –me ha dicho mi padre.
–Sí, papá, sé lo que nos toca hoy –le he contestado.

Y lo que nos tocaba hoy era pelar almendras. Mi padre en un taburete, con un martillo y un tronco. Yo a su lado, recogiendo de vez en cuando las cáscaras, guardando las almendras peladas y, por supuesto, comiéndome alguna.

Cuando llevábamos un buen rato, y yo casi tenía ya una indigestión, he descubierto una cosa sorprendente. Era como si hubiesen cogido dos almendras y las hubiesen pegado juntas. ¡Eran como dos almendras siamesas! Nunca había visto ninguna igual. Pero al mismo tiempo que yo la he visto, mi padre la ha cogido sin fijarse y levantando el martillo...

–Papá, ¡¡NO!!
–¿Qué pasa? ¡Qué susto!
–Mira –y con el dedo le he mostrado lo que pasaba.
–Casi la rompo. Unas almendras siamesas. Toma para ti, al fin y al cabo la has salvado tú.
–Gracias. ¡Qué curiosas!, ¿no?
–Mira, hay otra. ¡Qué suerte! Una te la guardas para tu colección de cosas raras, pero la otra, si me lo permites, la vamos a convertir en un objeto decorativo.
–¿Cómo? –me gustaba la idea.
–Pues muy fácil. ¿Tú no has visto esos imanes que se pegan en la nevera? Pues eso vamos a hacer.

Ha sido muy sencillo. Mi padre guardaba por ahí unos imanes viejos, de esos que nunca se tiran por si algún día pueden servir para algo. Un poco de pegamento y un pequeño lazo rojo, y a la nevera...

Cuando estábamos observando lo bonita que había quedado la nevera con nuestro imán, ha entrado Marta.

Hazlo tú
IMANTANDO

Esto es lo que necesitas:

- Imanes.
- Objetos, cualesquiera, sólo hay que ver que no sean muy pesados.
- Pegamento.
- Otros adornos como lazos, cuerdas y cosas así

¿Cómo lo harías?

Pega el imán al objeto y decóralo, así de sencillo. Y así de bonito. Ten en cuenta que las posibilidades son enormes, que sólo depende de tu imaginación. Un fruto seco con un lazo o con un marquito o con un algodón a modo de nube. Puedes poner la decoración de diferentes colores, formas o tamaños. También puedes flipar con el objeto a elegir. Fósiles, piñas, plumas, minerales o conchas. Y no sólo sirven para la nevera, ya que hay vigas de metal, muebles, taquillas, armarios y camas, donde los imanes se pegan sin preguntar. Ya sabes, decora tu vida.

–Mira qué bien están los señoritos. ¡Si no me peláis las almendras, no haré la famosa tarta de almendras que me enseñó la abuela! Y os recuerdo que me sale de miedo.
–¡A sus órdenes!

Cuatro más nos hemos encontrado, el mismo número que martillazos se ha pegado papá. Una se la ha quedado Marta, otra la hemos guardado para Matías y las otras dos las hemos convertido también en imanes de nevera.

Ahora que lo pienso, imanes para la nevera también se podrían hacer con minerales o fósiles. Creo que tengo algunos que quedarían muy bonitos. Pero ahora no me levanto, empieza a hacer cada vez más frío y no apetece salir de la cama. Desde luego se nota que ya está aquí el INVIERNO, a ver qué aventuras nos esperan...

Palabras raras que te puedes encontrar en la naturaleza

Agallas: Engrosamiento de las hojas o tallos de algunos vegetales producido por la picadura de la puesta de huevos de algunos insectos.

Anemómetro de manga: Los anemómetros son los aparatos que miden la velocidad del viento. El de manga consiste en dejar ondular una tela cosida en forma de tubo, de manera que a más ondulación, más velocidad. Y no tiene nada que ver con los comics japoneses.

Arrendajo: Pájaro de la familia de los cuervos del tamaño de una paloma, de color pardo grisáceo, con las alas y la cola negra. Vive en encinares y come bellotas. Es muy gracioso cuando levanta las plumas de la cabeza.

Atrapasueños: Amuleto de algunas tribus indias americanas, del cual se dice que durante la noche te protege de los malos sueños.

Berrea: Sonido brutal que emiten los ciervos cuando buscan pareja. Se puede oír durante el otoño desde mucha distancia.

Brújula: Curioso aparato que te indica con una flechita donde está el Norte. Si la usas bien, es imposible perderse.

Clorofila: Sustancia verdosa que poseen las plantas y que les ayuda a hacer la fotosíntesis. ¡Sí, hombre, lo que te mancha de verde cuando juegas en el césped!

Cochinillas: Ciempiés redondito capaz de convertirse en una bola casi perfecta, cosa que molaría poder hacer. Además de curiosos, son inofensivos.

Cuarzo: Mineral hexagonal de varios colores que puede alcanzar tamaños considerables. Se dice de ellos que tienen poderes.

Einstein: Científico con pelos muy simpáticos famoso por haber descubierto grandes teorías difíciles de entender, como la teoría de la relatividad. Mentes como la suya hay pocas, aparte de la mía, claro.

Energías alternativas: O sea, energías que ahora casi no se usan y que contaminan poco o nada, como la energía solar o la eólica. Lástima que no se usen más, porque son muy limpias.

Equinoccio: Posición de la Tierra respecto al Sol que produce la igualdad entre el día y la noche, es decir, 12 horas cada una. Ocurre dos veces al año, al empezar el otoño y al empezar la primavera.

Esporas: Sistema de reproducción de los hongos. Es como si fueran semillas minúsculas.

Estornino: Pájaro de unos 25 cm de tamaño de color marrón oscuro, casi negro, salpicado de manchitas más claras y con el pico alargado y algo curvo. Famoso por vivir en comunidades muy numerosas, de hasta millones de ejemplares.

Haya y hayucos: Árbol caducifolio de elevada altura y tronco grisáceo, de hojas ovaladas y color verde claro, que produce un fruto parecido a una castaña: los hayucos, encerrados en unas bolas recubiertas de espinas blandas. Es uno de los árboles cuyos bosques se usan como decorado para las hadas y los gnomos.

***Hide*:** Significa en inglés "ocultar, esconder", y hace referencia a la construcción de escondites camuflados que permitan observar sin ser visto.

Jabato: Cría de jabalí. También se utiliza esta palabra para decir que alguien es muy valiente.

Jacintos: Planta que forma bulbos, como la cebolla, para sobrevivir en las épocas desfavorables. Sus flores, aparte de muy bonitas, producen un aceite que se usa en perfumería.

Jilguero: Del tamaño de un gorrión, con las alas negras y amarillas y una mancha roja en la cabeza. Habita en toda Europa y posee un agradable canto.

Mirlo: Es un pájaro negro con el pico amarillo capaz de imitar el sonido de otros pájaros. Mide unos 25 cm y es fácil verlo en los parques y jardines.

Pie y sombrerillo: Las dos partes de una seta.

Piquituerto: Pájaro con el pico tuerto, evidentemente, de color anaranjado y un poco más grande que un gorrión. Como come piñones, vive en los... pinos.

Placas solares: Curioso aparato que convierte la luz del Sol en electricidad, sin humos, ni ruidos ni olores.

Plantas aromáticas: Son esas plantas que al tocarlas emiten agradables olores. El tomillo, el romero y el espliego o lavanda son algunos ejemplos.

Platanero: Árbol grande y de aspecto majestuoso. Tiene una corteza característica ya que se desprende a placas continuamente, es caducifolio y sus grandes hojas están recortadas en lóbulos. Es de esos árboles en los que podrías construir una cabaña que flipas. Y, por cierto, el que da los plátanos se llama banano o bananero.

Vencejo: Especie de gran golondrina negra, con alas afiladas y cola corta, capaz de alcanzar los 100 km/h. A España sólo viene con el buen tiempo. Aparece en primavera y después, en otoño, se va. Su vuelo es de lo más espectacular.

Yacimiento: Lugar donde puedes encontrar gran cantidad de minerales.

Para que no te pierdas

...hasta la próxima aventura